Anselm Grün

Das kleine Buch vom guten Leben

Anselm Grün

Das kleine Buch vom guten Leben

Herausgegeben von Anton Lichtenauer

HERDER

FREIBURG · BASEL · WIEN

Originalausgabe

www.herder.de
Satz: Dtp-Satzservice Peter Huber, Freiburg
Herstellung: Freiburger Graphische Betriebe 2005
www.fgb.de
Umschlaggestaltung und Konzeption:
R·M·E München / Roland Eschlbeck, Liana Tuchel
ISBN: 3-451-07044-8

Inhalt

Einleitung

Wir leben in einer Zeit der Beliebigkeit: „Anything goes“, alles ist erlaubt. Gut ist, was mir gut tut. Aber was tut mir *wirklich* gut? Und was *ist gut* – für mich und für andere? Was ist es wert, dass ich mein Leben danach ausrichte? Welche Haltungen braucht es dazu? Schon immer haben sich die großen Denker über das gute Leben Gedanken gemacht. Ihnen war klar: Wer nur nach dem Prinzip des eigenen Vorteils lebt oder ohne Rücksicht auf andere der eigenen Selbstverwirklichung nachjagt, der findet nicht das wahre Glück. Ob unser Leben gelingt, hängt davon ab, dass wir den richtigen Werten folgen. Sie orientieren unseren Weg, machen das Leben wertvoll und gut. Das englische Wort für Werte, „value“, kommt von „valere“, was „gesund sein, stark sein“ bedeutet. Werte sind Quellen, aus denen wir schöpfen können, damit unser Leben erblüht und gelingt. Werte geben unserem Lebensbaum die Widerstandskraft eines Ginko. Dieser Baum gilt in Asien als heiliger Baum und als Symbol der Lebenskraft und der Hoffnung.

Von ihm sagt man, dass er den Feuerstürmen ebenso trotzt wie dem Smog und dem Streusalz in den Städten. Wer verwurzelt ist in der Weisheit der Werte, der widersteht den negativen Einflüssen, denen er täglich ausgesetzt ist. Dem wird selbst die negative Strahlung einer emotional verschmutzten Umwelt nichts anhaben.

Dieses kleine Buch hat keine systematische Absicht. Ich möchte die verschiedenen Werte nur kurz darstellen. Dabei beziehe ich mich immer wieder auf Einsichten und Aussagen alter „Meister des Lebens". Denn zu allen Zeiten und über Kulturgrenzen hinweg haben Menschen darüber nachgedacht, wie zu leben wäre. Ich selber schöpfe in meiner eigenen Suche aus der Weisheit einer langen Tradition, der Tradition des christlichen Mönchtums. Aber mich fasziniert es auch immer wieder, zu sehen, wie sich alle Religionen – jenseits aller dogmatischen Unterschiede – in den wesentlichen Fragen immer wieder einig sind, wenn es um das rechte Leben geht. Spirituelle Autoren aus anderen Kulturkreisen und aus ganz unterschiedlichen geschichtlichen Hintergründen formulieren unsere eigenen Erfahrungen in einer anderen Sprache. Einer Sprache, die aber in unseren Alltag hinein zu übersetzen ist. Das zeigt uns – im Zeitalter der Globalisierung –, welch großen Schatz die Menschheit bereits hat. Er ist etwas Beständiges in den hektischen Veränderungen unserer Welt. Und es ist gut, auf diesen Schatz zurückzugreifen. Wenn ich mich auf den folgenden Seiten immer wieder auf diese Einsichten beziehe, geht es also um ein Miteinander der Weisheit, die uns verbindet. Es ist Schatz, der uns überliefert wurde, damit wir ihn immer wieder neu für die jeweilige Zeit entdecken und ans Licht bringen.

Wenn ich das „rechte Leben" aus verschiedenen Blickwinkeln betrachte, soll auch etwas ganz Konkretes sichtbar werden: Ein christlich inspiriertes Leben und eine dem Vorbild Jesu verdankte Haltung kann im täglichen Leben wie auch in außerordentlichen Situationen wirksam werden und ausstrahlen. In den Blick kommen wird nämlich eine praktische Alltagsspiritualität. Eine solche Alltagsspiritualität liefert weder genaue Handlungsanleitungen, noch will sie eine Ethik entwerfen. Aber sie kann Hinweise geben, wie wir heute ein Leben führen können, das nicht nur uns selbst, sondern auch unseren Mitmenschen und der ganzen Schöpfung gut tut.

Für den griechischen Philosophen Platon ist das Gute ein Wesensmerkmal des Seins: Alles Sein ist wahr und gut und schön. Für Aristoteles, den großen Systematiker Griechenlands, ist das Gute „das Ziel, zu dem alles strebt". Die Tradition der deutschen Philosophie hat das Gute mehr mit dem guten Willen in Zusammenhang gebracht. Beide Sichtweisen ergänzen sich: Das Gute muss nämlich nicht nur erkannt und wahrgenommen, es muss auch getan werden. Oder, in Erich Kästners berühmtem Wort: „Es gibt nichts Gutes, außer man tut es."

Die beiden Seiten des Guten kommen in dem feingliedrigen und in der Mitte gespaltenen Blatt des Ginkobaumes zum Ausdruck. Schon Goethe hat in seinem berühmten Gedicht über den Gingko die Kraft der Integration, dieses „Eins und doppelt" gepriesen. Wer gut leben möchte, berücksichtigt immer beide Pole, die er in seinem Innern vorfindet: Leib und Seele, Licht und Dunkel, Kraft und Schwäche. Wer wie der Ginko die Zwei ins eins bringt, der ist wahrhaft weise, dem gelingt das Leben.

In der deutschen Sprache hat sich ein eigenes Verständnis des Guten entwickelt. „Gut" hängt mit dem Wort „Gatter" zusammen. Gut ist ursprünglich das, was in ein Baugefüge oder in eine menschliche Gemeinschaft passt. Das Gute ist das fest Zusammengefügte. Es passt in das Gewebe unseres Lebens. Aber umgekehrt ist es auch das, was unser Leben zusammenhält, damit es gelingt. In diesem Buch sollen Werte beschrieben werden, die das Leben so zusammenhalten, dass es dem Guten entspricht, das schon durch die Schöpfung in unser menschliches Sein gelegt ist. Die Genesis berichtet vom Abschluss der Schöpfung: „Gott sah alles an, was er gemacht hatte: Es war sehr gut." (Gen 1, 31) Damit das gute Leben, das uns geschenkt ist, gelingt, braucht es die Werte, die Gott in unsere Natur hineingelegt hat. Sie machen unser Leben wertvoll. Sie machen es gut.

Gutes Leben beginnt so

Das gute Leben beginnt mit Achtsamkeit. Wer nicht auf sich achtet, verliert sich selbst. Wer nicht achtsam jeden Augenblick lebt, lebt an sich und an der Wirklichkeit vorbei. Es braucht Achtsamkeit, um sein Leben bewusst zu leben. Erst wenn ich aufmerksam werde, entdecke ich den Reichtum des Lebens.

Jeder neue Tag kann dies lehren: Wenn ich achtsam aufstehe, spüre ich, dass Aufstehen etwas mit Auferstehung zu tun hat. Ich stehe aus dem Grab meiner Angst auf, aus dem Grab meiner inneren Dunkelheit. Ich stehe auf, ich stehe zu mir, ich stehe diesen Tag durch. Achtsamkeit besiegt Angst und Erstarrung. Im Kleinen und Einfachen strahlt das Eigentliche durch.

Es beginnt schon am Morgen: Sich achtsam zu waschen bedeutet nicht nur alle Bereiche des Körpers zu reinigen. Wenn ich achtsam wahrnehme, was Waschen ist, dann reinige ich mich auch von allen Trübungen der Projektionen, die andere auf mich werfen, von den Trübungen meiner eigenen Selbstbilder. Ich wasche das Unklare ab, damit das klare und ursprüngliche Bild, das Gott sich von mir gemacht hat, zum Vorschein kommt, damit ich durchlässig werde für die Schönheit, die in mir erstrahlen soll.

Und wenn ich achtsam meinen Weg gehe, erlebe ich, was gehen *auch* heißen kann: Auswandern aus Abhängigkeiten, weitergehen auf meinem Weg der inneren Wandlung und zugehen auf das Ziel meines Lebens.

Alle Tätigkeiten, die ich achtsam verrichte, werden sich mir in ihrem wahren Sinn erschließen. Und ich werde die Menschen und die Dinge um mich herum anders und tiefer wahrnehmen.
Ich werde sie achten. Und schließlich werde ich mit wachen Augen das Eigentliche in allen Dingen sehen.

Geschichten zum Aufwachen

Achtsamkeit ist erhöhte Aufmerksamkeit. Ein Mensch, der sich treiben lässt, der nicht bei sich ist, der in der Menge aufgeht, verliert diese Fähigkeit. Einsamkeit fördert die Achtsamkeit.

Simone Weil hat dies so begründet: Wer sich ganz bewusst allein der Einsamkeit stellt, wer sich nicht ablenken lässt, der befreit sich zusehends von den äußeren Einflüssen, er kommt zu sich und wird frei. Der Weg dahin, so die französische Philosophin, besteht darin, ganz im Augenblick sein: „Der Wert der Einsamkeit liegt in der Ermöglichung einer höheren Aufmerksamkeit."

Ich merke auf. Ich wache auf. Ich horche auf: Was Simone Weil für die moderne Massengesellschaft formuliert, ist die Erkenntnis einer langen und großen Tradition. Schon der hl. Benedikt fordert von den Mönchen, sie sollten „mit aufgeschrecktem Ohr" auf Gottes Wort hören.

Aufwachen zur Wirklichkeit, nichts anderes ist Mystik – so der indische Jesuit Anthony de Mello. Das gilt nicht nur für die großen Gestalten der

Religionsgeschichte. Im alltäglichen Leben Achtsamkeit einzuüben, darum geht es. Auch für uns. Auch heute. Kindern, so sagt de Mello, erzählt man Geschichten zum Einschlafen. Erwachsene brauchen Geschichten zum Aufwachen. Achtsamkeit und Aufmerksamkeit im Alltag sind Zeichen dieser inneren Wachheit, mit der ich die Dinge um mich herum auf neue Weise wahrnehme, ja mit der ich ihr Wesen erahne.

Wie oft sind wir abgelenkt. Nur wenn uns nichts Äußeres stört, öffnen sich unsere Sinne – und nur dann spüren wir das Geheimnis allen Seins.

Alleinsein genießen

„Wer nie allein ist, kennt die Freude des Alleinseins nicht." Der Sufi-Weise Hazrat Inayat Khan sagt das. In Gesprächen höre ich oft etwas anderes. Da klagen viele: „Ich fühle mich so allein. Niemand kommt zum Besuch. Ich habe keinen, mit dem ich mich austauschen könnte." Alleinsein wird zu einer Quelle des Leids.

Es gibt allerdings auch die andere Sicht. Wenn ich mein Alleinsein bewusst wahrnehme, kann ich

es auch genießen. Es liegt nur an der Sichtweise. Ich kann bedauern, dass jetzt niemand für mich da ist. Ich kann mich aber auch freuen, dass ich jetzt ohne Störung von außen bin, dass jetzt niemand etwas von mir will, keiner an mir zerrt und niemand Ansprüche an mich anmeldet. Wenn ich meine Situation so sehen kann, fühle ich mich frei. Ich kann aufatmen. Ich kann die Stille genießen und den Frieden, der aus der Stille kommt und mich umgibt. Das deutsche Wort „allein" kann man – so schlägt es der Psychologe Peter Schellenbaum vor –

auch als „all-eins“ verstehen. Schellenbaum meint, es sei doch herrlich, in diesem Sinn allein, mit allem eins zu sein. Im Alleinsein erahne ich etwas von der Ursehnsucht des Menschen, aus der Vielheit in die Einheit zu gelangen, eins zu sein mit sich und mit Gott, eins zu sein mit den Menschen und mit der Welt. Wer so eins ist mit allem, der nimmt die Wirklichkeit wahr, wie sie ist. Er kommt ihrem Geheimnis auf die Spur. Er erkennt, was die Wirklichkeit im Tiefsten zusammenhält.

Von allem getrennt – mit allem verbunden

Einsamkeit hat zwei Gesichter. Wir können unter ihr leiden. Und wir können sie auch als eine Kraft erfahren, die uns stärkt. Wir können sie dann positiv erleben: als einen inneren Raum, der uns zu uns selber kommen lässt. Allein fühlen kann man sich auch unter vielen Menschen. Gerade heute beklagen sich viele, dass sie sich mitten in den belebten Städten allein und isoliert fühlen. Doch in der spirituellen Tradition hat Alleinsein einen hohen Stellenwert. Es gehört wesentlich zum Menschsein.

Paul Tillich, der evangelische Theologe und Philosoph, meint sogar, Religion sei das, was jeder mit seiner Einsamkeit anfange. Die Mönche im 4. Jahrhundert hatten sich aus der Welt zurückgezogen, um in der Wüste mit Gott allein zu sein. Doch in der Einsamkeit der Wüste fühlten sie sich nicht allein gelassen oder gar verlassen. Sie spürten vielmehr eine neue Verbundenheit mit allem, was ist. Sie fühlten sich eins mit dem Grund allen Seins, „all-eins“.

Für mich als Mönch ist diese Erfahrung des Alleinseins entscheidend. Mönch ist ja im buchstäblichen Sinn der, der alleine lebt. Das Wort „Mönch" kommt eigentlich von „monazein", sich zurückziehen. Doch der frühe Theologe monastischen Lebens, Dionysos Areopagita, deutet es auch von „monas", von der Einheit her. Mönch ist demnach der, der eins ist mit sich selbst und mit Gott, der die innere Zerrissenheit überwunden hat.

So hat es auch der griechische Mönch Evagrius Ponticus im vierten Jahrhundert verstanden, wenn er schreibt: „Ein Mönch ist ein Mensch, der sich von allem getrennt hat und sich doch mit allem verbunden fühlt. Ein Mönch weiß sich eins mit allen Menschen, denn immerzu findet er sich in jedem Menschen." Das Alleinsein wird zur Quelle der Freude, wenn ich diese innere Verbundenheit mit allem und allen wahrnehme und mich auf dem Grund meiner Seele eins weiß mit Gott.

Man muss nicht in einem Kloster oder in einer Einsiedelei leben, um – von Zeit zu Zeit – den „Mönch in sich" zu entdecken und das Alleinsein als Quelle zu erfahren, die das eigene Leben stärkt.

Nah am Grund des Seins

„In den großen Städten kann der Mensch zwar mit Leichtigkeit so allein sein, wie kaum irgendwo sonst. Aber er kann dort nie einsam sein. Denn die Einsamkeit hat die ureigene Macht, dass sie uns nicht vereinzelt, sondern das ganze Dasein loswirft in die weite Nähe des Wesens aller Dinge." Der Philosoph Martin Heidegger, der dies schreibt, hat den Wert der Einsamkeit hoch geschätzt. Man kann sogar sagen, dass er in seiner Erfahrung des Denkens eine ähnliche Erfahrung gemacht hat wie die frühen Mönche.

Heidegger unterscheidet zwischen Alleinsein und Einsamkeit. Dass ein Mensch allein ist, ist zunächst einmal nichts besonderes. Zu einem Wert wird diese Tatsache erst in der Einsamkeit. Einsamkeit führt uns in die Nähe des Wesens aller Dinge. Der Einsame ist nahe am Grund allen Seins, er ist in Berührung mit dem Wesentlichen. Die deutsche Endsilbe „-sam" steckt auch in „Sammeln". Sie hat ursprünglich die Bedeutung: „mit etwas übereinstimmend, von gleicher Beschaffenheit". Der

Einsame stimmt überein mit seinem Alleinsein. Er ist gerne allein. Das Alleinsein ist für ihn der Weg, eins zu werden mit sich selbst, einverstanden zu sein mit seinem Wesen und mit dem Wesen aller Dinge. Es hat also spirituelle Qualität. Einssein ist das Ziel aller Mystik. Jeder von uns darf manchmal die Erfahrung des Einsseins machen. In solchen Augenblicken fühle ich mich eins mit mir, einverstanden mit meiner Lebensgeschichte, eins mit der Schöpfung, eins mit Gott und eins mit allen Menschen. Zeit und Ewigkeit fallen in solchen Momenten in eins.

Doch es ist immer nur ein Augenblick, in dem die Einsamkeit uns zur Erfahrung des Einsseins führt. Oft genug zeigt sie uns ihr anderes Gesicht. Dann schmerzt sie uns. Dann sehnen wir uns nach Menschen, mit denen wir uns austauschen. Und es taucht in uns der Satz aus der Genesis auf: „Es ist nicht gut für den Menschen, allein zu sein." (Gen 2,18)

Ein Weg zum Du

„Der Weg zum wahren Du im andern Menschen führt durch die innere Einsamkeit." Der Existenzphilosoph Ferdinand Ebner hat sich von der doppelten Bewegung, die in der Einsamkeit liegt, anregen lassen. Er sieht in der Einsamkeit eine Bedingung für wirkliche Gemeinschaft: Wer immer in der Nähe von Menschen sein muss, der stößt oft nicht zum wahren Du vor. Oft braucht er die Menschen nur, um seine Einsamkeit zu verdecken. Doch wirkliche Begegnung ist dann nicht möglich. Man klebt vielmehr am anderen. Nur wer in der Einsamkeit ganz bei sich sein kann, ist fähig, das Du der anderen zu entdecken und zu würdigen. Er vereinnahmt den anderen nicht, sondern bleibt staunend vor seinem Geheimnis stehen. Er achtet den anderen. So erst spürt er, was das heißt: „Du".

Ebner ist mit dem anderen großen Denker des Dialogischen, mit Martin Buber, überzeugt, dass wir unser wahres Ich erst am Du finden. Aber um das Geheimnis des Du zu erahnen, ist es notwendig, die innere Einsamkeit auszuhalten und in der Einsamkeit zuerst einmal das Geheimnis des Ich-Seins zu entdecken. Wir meinen, wir wüssten, wer wir sind. Doch wer sind wir wirklich? Wo ist der Punkt, an dem man „Ich“ sagen kann? Das Wunder der Begegnung findet nur statt, wo wir um das Geheimnis des Ich und Du wissen. Dafür aber brauchen wir die Erfahrung der Einsamkeit.

In guter Gesellschaft

„In der Einsamkeit, wo jeder auf sich selber zurückgeworfen ist, da zeigt sich, was er an sich selber hat." Schopenhauer formuliert hier etwas Richtiges: Wer allein ist, ist mit sich selber konfrontiert. Er muss mit sich selber auskommen. Er kann die Freiheit genießen, so zu sein, wie er ist. Oder sich als Gefangener seiner eigenen Begrenztheit erleben. Jean-Paul Sartre sieht die Beziehung von Einsamkeit und Alleinsein ähnlich: „Wer einsam ist, wenn er allein ist, befindet sich in schlechter Gesellschaft." Wer sich einsam fühlt, wenn er mit sich allein ist, der kann es nicht gut mit sich selbst aushalten. Alleine kann ich es nur dann gut aushalten, wenn ich gut mit mir umgehe. Solange ich mich selbst entwerte, wird das Alleinsein zur Qual. Denn mit einem Menschen, den man verurteilt und abwertet, lässt es sich nicht gut zusammen sein. Nur wenn ich mich selbst akzeptiere, erfahre ich die Freiheit der Einsamkeit.

Man muss früh anfangen

„Mit dem Alter ist es wie mit allem. Man muss früh damit anfangen, um darin erfolgreich zu sein." Fred Astaire hat das gesagt und damit zum Ausdruck gebracht: Gut zu leben vermag nur, wer sein Älterwerden bejaht und die Chance des Alters nutzt. Statt an meiner Jugend so lange festzuhalten, wie es nur irgend geht, rät er, das Altwerden zu bejahen. Das heißt, dass ich bereit bin, loszulassen, Neues zu akzeptieren. Nur wer loslässt, bleibt lebendig. Schon der junge Mensch muss die Jugend loslassen, um erwachsen zu werden. In der Lebensmitte muss er manche Träume loslassen, die er sich vom Leben gemacht hat. Wenn er pensioniert wird, muss er seine Arbeit loslassen, mit der er sich identifiziert hat. Er muss andere Werte in sich entfalten, damit er lebendig bleibt. Altwerden, das ist die Chance, reif zu werden. Sich mit einem Alten zu unterhalten, der wirklich weise ist, das tut allen gut. Altersweisheit ist wie ein mildes Licht, das auf unser Leben fällt. In diesem milden Licht wagen wir,

unser Leben anzuschauen, wie es ist. Aber Altwerden geht nicht ohne Schmerzen. Es heißt sein Leben bewusst leben, es annehmen auch mit allen seinen schwierigen und schmerzhaften Aspekten. Wir müssen Abschied nehmen von der Illusion, dass wir uns immer in der Hand oder „im Griff" haben können.

Jugendwahn

Jeder möchte heute jung, vital und schön sein und möglichst jung, vital und ohne Falten bleiben. C. G. Jung, der Schweizer Therapeut, nennt das eine Kulturlosigkeit: „Ein Alter, welcher auf das Geheimnis der Bäche, die von Gipfeln in Täler rauschen, nicht zu lauschen versteht, ist sinnlos, eine geistige Mumie, welche nichts ist als erstarrte Vergangenheit. Er steht abseits von seinem Leben, maschinengleich sich wiederholend bis zur äußersten Abgedroschenheit. Was für eine Kultur, die solcher Schattengestalten bedarf!“ Dieselbe Gesellschaft, die das Ideal der Jugend so hoch hält, wird zugleich immer älter. Das Anpreisen ewiger Jugendlichkeit wirkt geradezu grotesk in einer Zeit, in der es immer mehr Alte gibt und immer weniger Junge.

Der Arzt Manfred Lütz hat den zur Zeit herrschende Jugendkult einmal „eine erfolgreiche Massenveranstaltung zur Herstellung einer unglücklichen Gesellschaft“ genannt – und hinzugefügt: „Eins ist sicher: Wer richtig gerne alt ist, hat länger Spaß am Leben.“ Recht hat er!

Ausgesöhnt

Mein alter Novizenmeister, ein wahrhaft spiritueller Mensch, sagte mir einmal, er habe nie gedacht, dass Altwerden so schwer sei. Er war Organist. Doch im Alter machten seine Finger nicht mehr mit. Aber als er akzeptiert hatte, dass er nicht mehr virtuos an der Orgel spielen konnte, bekam sein Musizieren eine neue Qualität. Täglich improvisierte er nach dem Mittagessen, wenn er sich allein in der Kirche wähnte. Es waren leise Töne. Doch allmählich sprach es sich herum. Einige Musikliebhaber setzten sich in versteckte Winkel der Kirche und lauschten seinen Tönen. Sie waren so durchsichtig und zart, dass sie die Seele beruhigten und beflügelten. Etwas Leichtes und Reines strömte den Hörern entgegen. Das tat ihrer Seele gut.

Das Alter rückt die Maßstäbe zurecht: „Früher habe ich es gehasst, älter zu werden, weil ich dachte, ich könnte dann all die Dinge nicht mehr machen, die ich tun wollte. Jetzt wo ich älter bin, stelle ich fest, dass ich sie gar nicht tun möchte.“ Das ist der Satz eines achtzigjährigen Mannes, der sich ausgesöhnt hat mit seinem Alter. Er hat wichtigere Dinge entdeckt. Es geht ihm nicht mehr darum, alles zu machen, wozu er Lust hat. Er hat gespürt, worauf es eigentlich ankommt. Vieles, worum wir uns Sorgen machen, ist tatsächlich nicht so wichtig. Das Alter verweist uns auf das Wesentliche. Es schafft den Abstand zu dem, was uns in der Hektik, dem Pflichtentrubel des Alltags bedrängte.

Ida Friederike Görres sieht im Alter die Aufgabe, denjenigen Menschen, die noch in der Hitze und Hast des Tages strampeln, „lächelnd den Abstand zu zeigen“. Sie versteht das Alter „weniger als Ernte des Lebens, denn als Auftrag, allmählich den Vorhang von der Schwelle des neuen Lebens wegzuziehen“. Der alte Mensch hebt den Vorhang auf, der über allem liegt. Er hat uns allen etwas Wichtiges zu zeigen: Er lenkt unseren Blick auf das Wesentliche und auf das neue Leben, das uns im Tod erwartet.

Brunnen der Erinnerung

Worin besteht das Glück und die Weisheit des Alters? Vielleicht in der Erinnerung. Wer viel erfahren hat, hat Erfahrung. Wer sich gerne erinnert an das, was er erlebt hat, der bleibt lebendig. Er lebt nicht in der Vergangenheit. Vielmehr ist das Erlebte für ihn wie eine Quelle. Er bewässert die Gegenwart aus dem unausschöpflichen Brunnen des Gedächtnisses. Die Gegenwart wird auf diese Weise relativiert. Der alte Mensch erkennt, was wirklich wichtig ist im jetzigen Augenblick. Gelassen kann er auf die hitzigen Diskussionen schauen. Seine Erinnerung an früher gibt ihm die Fähigkeit, die Dinge zurechtzurücken. Und sie ermöglicht es ihm, sich von der heutigen Hektik zurückzuziehen. Wenn Schmerzen ihn drücken, bleibt ihm immer noch der Rückzug in das Reich der Erinnerung. Für den Dichter Jean Paul ist Erinnerung gar „das einzige Paradies, aus dem wir nicht vertrieben werden können". Selbst wenn wir in der Hölle der Verlassenheit oder des Gekränktseins stecken, können wir uns in das Paradies der Erinnerung flüchten. Und niemand kann uns daraus vertreiben.

Es lohnt sich, anständig zu sein

Anstand ist kein moderner Begriff. Er erinnert uns an das bürgerliche 19. Jahrhundert. Doch ein Zeitgenosse und Zeuge der jüngsten Geschichte, Wladyslaw Bartoszewski, der ehemalige polnische Außenminister, der als junger Mann das KZ Auschwitz überlebte und bald darauf in stalinistische Gefängnisse kam, hat im Rückblick auf ein keineswegs einfaches Leben ein Buch geschrieben mit dem Titel: „Es lohnt sich, anständig zu sein". In seiner Bilanz wird deutlich: Anstand ist mehr als gutes Benehmen. Es ist eine Haltung, die alle Entscheidungen und Handlungen bestimmt. Anständig ist – dem Wortsinn nach – der, der stehen bleibt und wartet. So kann er den anderen wahrnehmen. Zum Anstand gehört das Innehalten. Nur so kann ich die Situation richtig einschätzen. Und ich werde erkennen, wie ich mich so verhalte, dass es der Situation entspricht.

Für Andreas Brenner und Jörg Zirfas gehört diese Haltung zum guten Miteinander: „Wer anständig bleibt, der erkennt im anderen den, der er selber ist: einen Menschen. Diesen mit Anstand zu beachten, rührt also letztlich aus einer Selbstachtung." Solcher Anstand ist immer angebracht. Und er ist geradezu gefordert, wenn der andere bedroht oder in seiner Würde in Frage gestellt ist und wir ihm durch ein mutiges Wort, durch eine couragierte Handlung beistehen können. Was im Blick auf andere gesagt ist, erfahren wir auch an uns selber: Wenn uns jemand mit Anstand begegnet, dann fühlen wir uns gewürdigt, und die Begegnung bekommt den Geschmack von etwas Nichtbanalem, Ungewöhnlichem, Wertvollem. Wir wissen um das Geheimnis des anderen. Und wir entdecken uns selbst mit unserer Würde. Der Anständige macht nicht nieder, zieht nicht herunter, sondern er erhebt. Indem er voller Achtung stehen bleibt, ermöglicht er es uns, selber zu uns zu stehen, aufrecht zu stehen, aufrichtig zu sein.

Sich einlassen

Für die Römer hatte Arbeit keinen positiven Klang. Sie nennen die mühevolle Arbeit „neg-otium". Sie ist also Verneinung von Otium, von Muße. Muße, freie Zeit zu haben, um sich der Kunst, der Wissenschaft zuzuwenden, das war für die Römer etwas Erstrebenswertes. Die Arbeit als „labor", als Mühe, war eher etwas für die Sklaven oder aber für die Menschen auf dem Land. Der hl. Benedikt hat diese römische Missachtung der Arbeit grundlegend verändert, obwohl er selbst Römer war. Für ihn hat die Arbeit drei Bedeutungen. Einmal soll der Mensch seinen eigenen Lebensunterhalt durch seiner Hände Arbeit verdienen. Das zeigt ihm, dass das Leben kein reines Vergnügen, sondern auch mit Mühe verbunden ist. Aber es macht ihn vor allem innerlich frei. Er kann sein Leben selbst gestalten. Die Arbeit hat sodann eine soziale Bedeutung. Sie ist immer Dienst am Menschen. Das gilt nicht nur für die typischen Dienstleistungen wie Pflege, Seelsorge oder Therapie, sondern auch von jeder Arbeit.

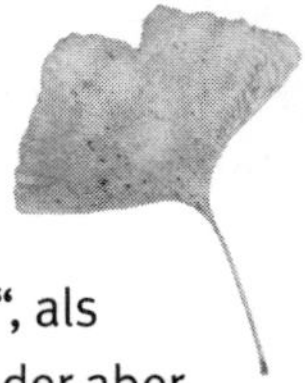

Der Handwerker, der die Heizung gut installiert, dient damit den Menschen. Die dritte Bedeutung der Arbeit ist die spirituelle: In der Arbeit lerne ich mich selber kennen. Und in der Arbeit kann ich Haltungen einüben, die auch für meine Beziehung zu Gott wichtig sind: Zuverlässigkeit, Dienstbereitschaft, Freiheit vom Egoismus. Die Arbeit verlangt, dass ich mich einlasse auf die Dinge, die ich behandle, auf die Menschen, für die ich da bin. Ich muss also von mir selbst absehen, mich selbst loslassen, um mich auf die Arbeit einzulassen.

Auch die deutsche Sprache zeigt, dass Arbeit ursprünglich nichts Angenehmes war. Die Germanen hatten wenig Freude an der Arbeit. Das Wort Arbeit kommt von einer Wurzel, die „verwaist sein, ein zu schwerer körperlicher Tätigkeit verdingtes Kind sein“ bedeutet. Erst die Begegnung mit der Bibel („Wer nicht arbeitet, soll auch nicht essen“, 2 Thess 3,10) hat die Arbeit allmählich in ein anderes Licht gerückt. Im Mittelalter haben die Zünfte der Handwerker ein eigenes Arbeitsethos entwickelt. Die Reformation hat der Arbeit dann einen neuen Stellenwert zugeschrieben.

Arbeite und sei nicht traurig

Es gibt Menschen, die Lust an der Arbeit haben und denen die Arbeit einfach nur Spaß macht. Die Regel ist das nicht. Dichter warnen immer auch davor, sich hinter der Arbeit zu verschanzen und sich auf diese Weise vom Leben zu trennen. Robert Walser hat diese Gefahr der harten Arbeit gesehen: „Wer hart arbeiten muss oder überhaupt in einem hohen Maße tätig ist, der ist für die Freude verdorben, der macht ein mürrisches Gesicht, und alles, was er denkt, ist einfach und traurig." Zuviel Arbeit kann also zu Traurigkeit und Missmut führen. Dagegen steht das klassische Wort, das der hl. Benedikt zu dem Goten sprach, der so ungestüm das Unkraut mit seiner Hacke behandelte, dass sie ihm in den See fiel. Benedikt hält den Stab in den See und die Hacke taucht wieder auf und fügt sich von neuem an den Stab. Den gibt der Heilige seinem Mitbruder, der wohl viel Muskelkraft, aber wenig Achtsamkeit mitbrachte, mit den Worten zurück: „Arbeite und sei nicht traurig." Für Benedikt ist die Arbeit also ein Weg, der zur Freude führt.

Eine alte Krankheit

„Workoholism“ ist ein neues Wort für eine alte Krankheit. Schon Johann Wolfgang von Goethe warnte vor der Verstrickung in ständiges Tätigsein, wie es heute viele Arbeitssüchtige auszeichnet. Die Arbeitssüchtigen arbeiten zwar viel, aber es kommt nichts dabei heraus. Denn sie haben keinen Abstand zu ihrer Arbeit. Sie müssen immer etwas zum Arbeiten haben, um sich und dem Leben auszuweichen. Goethe drückt das so aus: „Unbedingte Tätigkeit, von welcher Art sie sei, macht zuletzt bankerott.“ Wer sich nur der Arbeit widmet, der hat zuletzt nichts vom Leben. Er macht schließlich bankrott, es wird ihm – wie das Wort banca rotta sagt – sein Tisch zerschlagen. Er hat verlernt, das Essen und das Leben zu genießen. Schließlich wird ihm der Tisch entzogen, an dem er mit anderen Mahl halten und sich des Lebens erfreuen könnte. Bestimmt kein Weg zum guten Leben!

Genießen und Verzichten

Jahrelang war die Askese geradezu tabu. In den letzten Jahren hat sie eine wahre Auferstehung erlebt. Es ist eine Erkenntnis der Soziologie, dass es keine Elite gibt ohne Askese. Und die wirklichen Eliten haben immer asketisch gelebt. Angesichts der wachsenden Umweltzerstörung hat Carl Friedrich von Weizsäcker für unsere Gesellschaft eine asketische Lebensweise gefordert – Wegwerfmentalität und grenzenlosen Konsum könnten wir uns nicht mehr leisten. Manchen klingt solche Forderung nach Askese moralisierend: Sie schrecke nur ab, hört man bisweilen. Bei den alten Griechen hingegen – durchaus ein Volk, das genießen konnte – war die Askese eine angesehene Haltung. Askese heißt Übung, Training. Die Sportler brauchten sie, um Höchstleistungen zu erbringen. Die Soldaten mussten Askese üben für den Kampf. Die Askese des Sportes und des Kampfes war den Philosophen Vorbild für die Askese als Training zur inneren Freiheit. Vor allem die stoische Philosophie

hat die Selbstbeherrschung, die innere Gelassenheit und Unerschrockenheit, als Ideale menschlicher Selbstwerdung gepriesen.

Wenn ich mich darauf beziehe, geht es mir nicht darum, eine asketische Lebensweise zu fordern, weil wir uns keine andere mehr leisten können. Ich will vielmehr Lust machen auf Askese. Sie ist die Voraussetzung dafür, dass wir das Leben genießen können, dass wir selber leben, anstatt von unseren Bedürfnissen gelebt zu werden. Entscheidend dabei ist die innere Grundhaltung. Und die müsste von Freude, Lust, Freiheit und Liebe geprägt sein. Anthony de Mello bringt ein Beispiel aus der indischen Weisheit: „‚Nichts ist gut oder schlecht, solange es nicht das Denken dazu macht‘, sagte der Meister. Als er gebeten wurde, das näher zu erklären, sagte er: ‚Ein Mann hielt fröhlich sieben Tage in der Woche ein religiöses Fastengebot ein. Sein Nachbar verhungerte bei der gleichen Diät.‘“

Was damit gemeint ist: Wenn Askese nicht mit echter Freude geübt wird, raubt sie uns die Lebendigkeit. Wenn aber die Freude am Leben uns zur

Askese treibt, dann führt sie uns in die innere Freiheit, zur Lust am Leben und in eine Lebendigkeit hinein, die ansteckt und auch anderen hilft. Von den Umständen hängt also alles ab, nicht von einem Dogma. Nur wer frei ist, ist lebendig.

Das Kind und die Nüsse

Eine alte Geschichte erzählt, wie das Loslassen und das Genießen zusammenhängen können.

Ein kleines Kind kommt zu einem alten Mönch. Der hat ein Glas voller Erdnüsse auf seinem Tisch stehen. Das Kind greift mit der Hand in das Glas und nimmt, soviel die Hand fassen kann. Aber nun gelingt es ihm nicht, die zur Faust geballte prall gefüllte Hand wieder aus dem Glas zu bringen. Der Altvater sagt: „Lass los. Nur so kannst du die Nüsse genießen."

Es gibt diese Geschichte als buddhistische Weisheitsfabel, aber auch als Mönchsgeschichte der Wüstenväter. Sie zeigt – über die Kulturen hinweg – einen allgemeingültigen Schlüssel zum guten Leben, ja zur Glückseligkeit: Wer zuviel in seine Hand nehmen möchte, bringt sich selbst um den Genuss. Nur was ich loslasse, kann ich genießen.

Gewand des Herzens

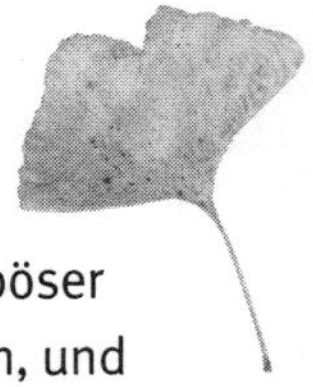

„Jedes Wort, das hinausgeht, trägt das Gewand des Herzens, aus welchem es kommt“, sagt der islamische Mystiker Ibn Ata Allah. Was meint er damit? Ein böser Mensch wird zur Unaufrichtigkeit neigen, und zum guten Leben gehört die Haltung der Aufrichtigkeit. Der aufrichtige Mensch hat ein Gespür für seine Würde, aber auch für die Würde der anderen. Man kann sich auf ihn verlassen. Er ist geradlinig. Er verbiegt sich nicht. Und er dreht sich nicht mit dem Wind. Aufrecht steht er da und tut das Richtige, das, was dem Recht entspricht. Der Aufrichtige ist ehrlich. Er sagt, was er denkt. Er ist in sich klar.

Was Ibn Ata Allah mit seinem Gleichnis weiter sagen will: Das Wort des Aufrichtigen ist wie ein schlichtes Gewand. Ein solches Gewand kleidet auch den, der es hört. Es passt jedem. Es ist rein, unauffällig, zeitlos, stimmig. Das Wort des Aufrichtigen richtet die Menschen auf. Worte, die den anderen entmutigen und niederdrücken, strömen aus einem kranken Herzen. Wer andere mit Worten entwertet, der glaubt nicht an den eigenen Wert.

Die Sprache verrät uns. Die Worte, die aus unserem Herzen strömen, verraten, wie es da drinnen aussieht. Wer an der Haltung der Aufrichtigkeit arbeitet, dessen Worte werden immer stimmiger und klarer. Sie richten den anderen auf und machen ihm Mut, richtig zu leben: so zu denken und zu handeln, wie es recht ist und für ihn stimmt.

Ein Herz für den Schwachen

„Seid barmherzig, wie es auch euer Vater ist."
Im Lukasevangelium (Lk 6, 36) fasst Jesus seine ganze Lehre in diesem Wort zusammen. Barmherzigkeit ist demnach das Wesen Gottes. Im Gleichnis vom barmherzigen Vater hat er das anschaulich beschrieben: Der Vater verurteilt seinen Sohn nicht, der sein Vermögen verschleudert hat. Vielmehr läuft er ihm entgegen und umarmt ihn. Ohne ihm Vorwürfe zu machen, nimmt er ihn wieder als seinen Sohn auf. Er feiert mit ihm ein ausgelassenes Fest: „Wir wollen essen und fröhlich sein. Denn mein Sohn war tot und lebt wieder; er war verloren und ist wiedergefunden worden." (Lk 15, 23f.)
Der Vater, wie ihn diese Geschichte schildert, hat ein Herz für den Sohn, der trotz seines Reichtums in Armut gelebt hat. Barmherzig ist der, der ein Herz hat für das Arme und Verwaiste, für das Elende und Verwundete. Diese Wahrheit führt zum Kern der biblischen Botschaft.

Die Griechen kennen verschiedene Worte für die Barmherzigkeit. Auch sie führen zu dem, was Jesus meint. Da ist einmal das Wort „splanchnizomai" – „ich werde in meinen Eingeweiden ergriffen". Die Eingeweide sind der Ort der verwundbaren Gefühle. Ich bin barmherzig, wenn ich mich einem anderen gegenüber nicht verschließe, sondern ihn dort eintreten lasse, wo meine verwundbaren Gefühle liegen. Ich fühle mit ihm, weil ich in seiner Wunde die eigene spüre.

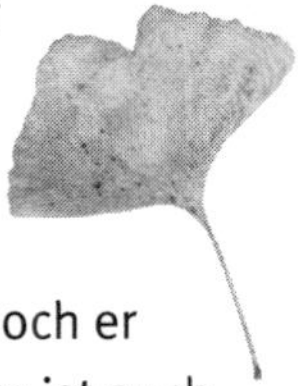

Der Aspekt des Mitfühlens klingt vor allem in dem Wort „oiktirmon" an. Der Barmherzige hat Mitleid mit dem Armen und Gekränkten. Er ist solidarisch mit ihm und fühlt sich in ihn ein. Doch er bleibt nicht beim Gefühl stehen, sondern ist auch bereit, ihm zu helfen.

Das dritte griechische Wort, „eleos", meint vor allem die Güte: Der Barmherzige geht gut mit dem anderen um, aber auch mit sich selbst. Er wütet nicht gegen sich, er verurteilt sich nicht. Erbarmen heißt immer auch Vergeben: sich selbst vergeben und dem anderen. In der Barmherzigkeit steckt der Verzicht auf jedes Urteilen und Bewerten. Ich nehme den anderen so, wie er ist. Ich spüre sein Herz hinter allem, was er tut und denkt. Ich bleibe nicht bei seinem Verhalten stehen, sondern dringe in sein Herz vor. Ich stelle mir vor, wie arm sein Herz ist – gerade dann, wenn es sich nach außen so hart und unbarmherzig gibt. Barmherzig bin ich, wenn sich mein Herz für sein armes Herz öffnet, und wenn die Liebe meines Herzens in sein verstocktes, erstorbenes, verwaistes und armes Herz strömt. Diese Haltung tut jedem Menschen gut.

Ich kann zum anderen freilich nur barmherzig sein, wenn ich es auch mir selbst gegenüber bin. Ich muss also aufhören, mich zu verurteilen, wenn ich nicht erreiche, was ich mir als Ziel gesetzt habe. Ich muss ein Herz haben auch für mich. Abba Pambo meinte einmal: „Wenn du ein Herz hast, kannst du gerettet werden." Wer dem Herzen traut, wer sein Herz öffnet, dessen Leben gelingt; mit einem erstorbenen Herzen kann man kaum leben.

Leben wie wir können

Rigorismus und Härte gegen sich selber sind nicht gesund. Es gibt ein griechisches Sprichwort: „Wir sollen leben, nicht wie wir wollen, sondern wie wir können." Hinter diesem Wort steckt die Weisheit der Barmherzigkeit sich selbst gegenüber. Unsere Ansprüche an uns selbst sind aber oft unbarmherzig: Wir wollen alles perfekt machen. Wir wollen den Nächsten ganz selbstlos lieben. Wir wollen nur für Gott da sein.

Doch wenn wir ehrlich ins eigene Herz schauen, dann sind da auch andere Gefühle, Bedürfnisse und Wünsche. Wir müssen uns verabschieden von den Illusionen, die wir uns über uns selbst machen. Es braucht die Barmherzigkeit mit uns selbst.
Wir müssen uns eingestehen, dass wir nicht alles können, was wir wollen – es genügt schon, wenn wir so leben, wie wir können, und nicht, wie wir es uns ausgedacht und idealerweise vorgestellt haben.

Einverstanden

„Bescheidenheit ist eine Zier, doch weiter kommt man ohne ihr", sagt der Volksmund. Von Philosophen wird Bescheidenheit als Tugend gepriesen. Von der Mehrheit wird sie aber nicht geschätzt. Jeder will sich gut vermarkten und optimal verkaufen. Er soll Gutes tun, aber auch davon reden. So steht es in Büchern über Management. Marketing ist alles. Ist es wirklich alles?

Das Wort „bescheiden" kommt aus der Rechtssprache: Der Richter teilt mir etwas zu, er gibt mir einen Bescheid. Wer sich mit dem zugeteilten Anteil zufrieden gibt, der ist bescheiden. Menschen, die sich zu bescheiden wissen mit dem, was ihnen zugeteilt wird, gelten als einsichtsvoll, erfahren, verständig und klug. Bescheiden ist, wer einverstanden ist mit dem, was ihm zugeteilt wurde – an Gaben, an Anlagen, an Möglichkeiten. Er muss sich selbst nicht größer machen als er ist. Ihm genügt das, was er hat. Er hat es nicht nötig, gierig nach anderem Ausschau zu halten. Hier liegt der Grund für inneren Frieden und Glück.

Zaun der Weisheit

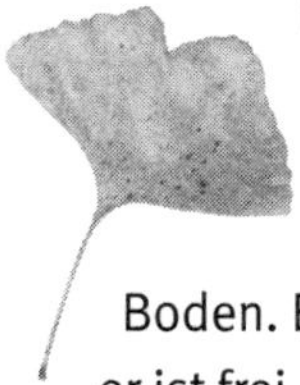

„Bescheidenheit ist der Zaun der Weisheit," sagt ein jüdisches Sprichwort. Das ist keine Haltung unterdrückter Kleingeister. Im Gegenteil. Wer sich bescheidet mit dem, was Gott ihm beschieden hat, der ist wahrhaft weise. Er weiß mehr. Er versteht sich selbst und steht daher auf festem Boden. Er schielt nicht nach anderen, sondern er ist frei, in die Tiefe zu schauen, den eigentlichen Grund des Daseins zu erkennen. Weisheit kommt von Wissen und Wissen von Schauen (lat. vidi: ich habe gesehen). Bescheidenheit ist wie ein Zaun, der den Raum begrenzt, in dem ich Wahrheit erfahren und Wirklichkeit wahrnehmen kann. Nicht, wer nach allen Seiten Ausschau hält, wird weise, sondern wer den Grund allen Seins erkennt. Der Zaun der Bescheidenheit schützt den inneren Raum, in dem ich den Grund und das Geheimnis allen Seins schauen kann: Gott, der mir das Dasein schenkt, und der der eigentliche Reichtum meiner Seele ist.

Dankbar für alles

Der Babylonische Talmud verlangt vom Menschen, dass er nicht nur an das Gute denke, sondern auch an das Schlechte, das ihn in seinem Leben getroffen hat: „Der Mensch muss für das Schlechte, das ihn trifft, Gott ebenso danken wie für das Gute.“ Dankbarkeit kommt von denken. Dankbar kann in der Tat nur sein, wer zu denken versteht. Wenn ich meine Gedanken auf das richte, was Gott mir geschenkt hat, dann bin ich im Gedenken an mein Leben dankbar. Undankbar ist der, der nicht der Gaben gedenkt, die er empfangen hat, der nicht stehen bleibt, um der Geschichte seines Lebens zu gedenken. Wenn ich für alles danken kann, was mir geschieht, dann ändern sich meine Gedanken. Das Schlechte ruft dann keine Gedanken mehr in mir hervor, die mich unzufrieden machen und mich quälen. Vielmehr verwandelt die Dankbarkeit mein Denken. Ich erkenne auch im Schlechten, das mir widerfahren ist, einen Sinn. Ich erahne, dass mich das stärker macht.

Herausgefordert

Dankbare Menschen sind immer angenehme Menschen. Man ist gerne mit ihnen zusammen. Anders undankbare Menschen. Sie sind mit nichts zufrieden. Sie verbreiten um sich herum eine Atmosphäre der Unzufriedenheit und Bitterkeit. Das Klima, das sie erzeugen, macht krank. Wir können es ihnen nie recht machen. Es macht auch keinen Spaß, ihnen etwas zu schenken, denn sie können sich nicht freuen. Sie können nicht dankbar entgegennehmen, was wir ihnen geben. Sie nehmen es in Empfang wie eine lästige Pflicht. Oder aber sie fühlen sich gedrängt, uns das Gleiche zu geben. Doch das verleidet es uns, ihnen noch einmal etwas zu schenken. Daher ziehen wir uns von undankbaren Menschen lieber zurück. Versuchen wir zu den Menschen zu gehören, mit denen zusammenzusein eine Freude ist.

Verwandelt

Im Orient erzählt man sich die Geschichte von einer Palme, in deren Krone ein böser Mensch einen schweren Stein gelegt hat. Der Stein zwang sie, ihre Wurzeln tiefer in die Erde zu graben. Als der böse Mann nach einem Jahr wiederkam, da überragte diese Palme alle anderen.

Ähnlich verhält es sich mit der Dankbarkeit. Sie verwandelt das, was andere mir antun, in eine Herausforderung. Sie hilft mir, auch in schwierigen Situationen des Lebens zu wachsen und meine Wurzeln tiefer zu graben. Sie gibt mir die Kraft, mich nicht auf Lob und Tadel zu gründen, sondern letztlich auf Gott.

Immer im Fluss

„Wer nicht dankt für die Gnade, läuft Gefahr, dass sie aufhört; doch wer für sie dankt, fesselt sie mit ihren eigenen Stricken." (Ibn Ata Allah) Aus diesen Worten spricht die Erfahrung, dass Dankbarkeit das gute Leben fördert. Wer nur genießen will, hat Angst, dass ihm das Gute bald entrissen wird. Deshalb muss er so gierig nach allem greifen. Wer aber dankt für das, was er geschenkt bekommt, der erfährt immer wieder Neues, für das er danken mag. Ja, Ibn Ata Allah meint, die Dankbarkeit würde die Gnade mit ihren eigenen Stricken fesseln. Das ist ein starkes Bild für die Erfahrung, dass die Gnade weiter fließt, wenn wir für sie danken. Wenn wir sie hingegen als selbstverständlich nehmen, versiegt sie. Der undankbare Mensch hat immer zu wenig. Es ist ihm nie genug, was er bekommt. Der Dankbare aber hat immer etwas, für das er danken kann. Bei ihm strömt das Leben. Die Dankbarkeit hält es im Fluss.

Sich verdanken

Martin Heidegger, der viel über den Ursprung der Dankbarkeit nachgedacht hat, sagt: „Der ursprüngliche Dank ist das Sichverdanken. Erst in ihm und nur aus ihm erfolgt jenes Danken, das wir als Vergelten und Lohnen im guten und bösen Sinn kennen."

Unsere Existenz gründet demnach auf der Einsicht: Ich verdanke mich nicht mir selbst. Dass ich überhaupt da bin, ist nicht selbstverständlich. Sich verdanken ist etwas Ursprünglicheres als Danken. Ich danke Gott, dass ich existiere, dass er mich täglich mit seinen Gaben beschenkt. Doch wenn ich den Ursprung meiner Existenz bedenke, dann erkenne ich das Michverdanken als die Grundlage, auf der mein Leben steht. Ich bin einer, der sich einem anderen verdankt. Ich bin nicht aus mir selbst, sondern aus Gott. Wer sein eigenes Sein bedenkt, wer über den Grund seines Lebens tiefer nachdenkt, der kann nicht anders als danken. Denn er verdankt sich mit seinem ganzen Sein Gott, dem Ursprung allen Seins.

Teil der Vollkommenheit

„Auch wenn du alle Vorzüge hast – fehlt dir die Demut, bist du unvollkommen." Dieses Wort der jüdischen Weisheit wirkt für heutige Ohren ungewohnt. Demut – das hat für die meisten einen eher negativen Beigeschmack. In der Regel des hl. Benedikt ist das anders. Hier ist ein ganzes Kapitel der Demut gewidmet. Als ich im Noviziat dieses Kapitel las, war ich davon wenig begeistert. Demut war auch für mich nichts Anziehendes. Demut – da denkt man doch meist dies: sich vor anderen klein machen, sich nichts zutrauen und sich entwerten. Es erscheint eher als eine passive und niederdrückende Haltung. So haben es auch die Griechen erfahren: ein stolzes Volk, das auf seine Würde achtete. Für Griechen bedeutet das entsprechende Wort „tapeinos" „demütig" und zugleich „niedrig". Ein Demütiger ist demnach ein niedriger Mensch. Doch man kann es auch anders sehen: Im deutschen „Demut" steckt das Wort „Mut". Demut ist hier ursprünglich der Mut zum

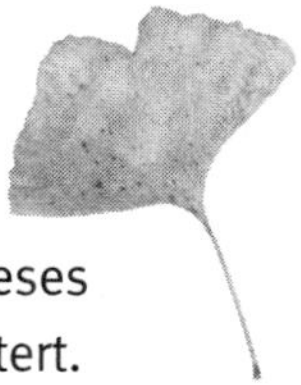

Dienen. Und im Lateinischen heißt Demut „humilitas“, das hat mit „humus“, mit Erde zu tun. Demut ist für die Römer also der Mut, die eigene Erdhaftigkeit anzunehmen. So haben es auch die frühen Mönche verstanden: Demut ist der Mut, die eigene Wahrheit anzuschauen, hinabzusteigen in die Abgründe der eigenen Seele, in der nicht nur Tugenden zu finden sind, sondern auch Schattenseiten, Aggressionen, Größenphantasien, Traurigkeit, Angst und Hilflosigkeit.

„Auch wenn du alle Vorzüge hast – fehlt dir die Demut, bist du unvollkommen.“ Dieses Wort hat also durchaus Sinn: Ähnlich haben es die Kirchenväter und die Mönchsväter in den ersten christlichen Jahrhunderten gesehen. Nur wer den Mut aufbringt, die eigene Wahrheit anzuschauen und anzunehmen, kann ohne Angst leben. Wer sich hinter einer Fassade versteckt, hat ständig Angst, die anderen könnten dahinter blicken und die sorgsam verborgenen Fehler und Schwächen entdecken. Für die Mönche aber ist die Demut vor allem eine religiöse Haltung: Wer Gott erfährt, der erkennt in

Gott auch seine eigene Wahrheit. Und die ist oft genug schmerzlich. Vor Gott geht mir auf, wer ich eigentlich bin, dass ich angewiesen bin auf Gott und zurückbleibe hinter meinen eigenen Idealbildern. Für die Mönche kann niemand Gott begegnen, der nicht sich selbst erkennen möchte. Daher ist Demut die Voraussetzung dafür, Gott zu erfahren. Ohne Demut laufe ich immer Gefahr, Gott für mich zu vereinnahmen – mich aufzublähen mit meiner Gotteserfahrung. Demut schützt uns davor, uns mit unserer Spiritualität über andere zu erheben. Die Demut hält uns auf dem Boden, gibt unserem Leben Bodenhaftung. Und nur wer bodenständig ist, hat Stehvermögen. Wer auf seinem Weg abhebt, dem geht es wie Ikarus: Er kommt der Sonne zu nahe und stürzt jählings ab.

Begegnung mit dem Schatten

Zur Kunst der Unterscheidung gehörte für die frühen Mönche immer jene Haltung der Demut, die aus der mutigen Begegnung mit dem eigenen Schatten, der Annahme der eigenen Erdhaftigkeit rührt. Dies ist die Voraussetzung für die gute Begegnung mit anderen Menschen, damit ich die Beziehung nicht mit den eigenen verdrängten Bedürfnissen vermische. Wie oft machen wir die Erfahrung: Da vermischt jemand die Begleitung eines anderen schnell mit seinem verdrängten Machtbedürfnis. Ein anderer vermengt sie mit seinen verdrängten Schuldgefühlen. Er arbeitet die Schuld ab, indem er sich für andere verausgabt. Gerade bei helfenden Berufen spürt man dann bald, dass dies keinen Segen bringt. Wer aus einer solchen Quelle heraus arbeitet, wird sich nur erschöpfen und den Menschen, die er begleitet, nicht wirklich weiter helfen. Er wird sie an sich binden, anstatt sie in die Freiheit zu entlassen.

Wer seinen Schatten nicht integriert hat, der wird auch Gott nicht so sehen, wie er wirklich ist. Er wird in Gott nur die lichten Seiten hineinprojizieren. Und er wird Gott dazu benützen, seinen eigenen dunklen Seiten aus dem Weg zu gehen. Zur Gotteserkenntnis gehört auch die Begegnung mit dem dunklen Gott, mit dem Gott, der ganz anders ist, als wir es uns vorstellen, der unsere selbst gemachten Bilder durchbricht. Die Fähigkeit zur Begegnung mit dem dunklen Gott verwandelt den Menschen und lässt ihn erwachsen und reif werden. Die demütige Begegnung mit dem eigenen Schatten ist also auch für unsere ehrliche Begegnung mit Gott wichtig.

Mutter aller Tugenden

„Siehst du jemanden antworten auf alles, was man ihn fragt, ansprechen alles, was er bemerkt, erwähnen alles, was er gelernt hat, so schließe daraus: Er ist ein Tor." Heute würden wir sagen, dass es die Tugend der Diskretion ist, die Ibn Ata Allah hier vermisst. Wer auf alles eine Antwort weiß, wer zu allem seinen Kommentar abgeben muss, der ist indiskret. Er ist taktlos, aufdringlich, zudringlich. Für den heiligen Benedikt ist die „discretio" die Mutter aller Tugenden. Discretio ist die Gabe der

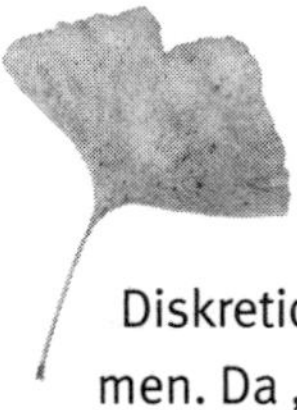

Unterscheidung der Geister, das Gespür für das richtige Maß. Das Wort kommt von „discernere: scheiden, trennen, unterscheiden". Im Deutschen hat Diskretion eine andere Bedeutung angenommen. Da „discernere" auch „absondern" bedeuten kann, wurde Diskretion mehr als Verschwiegenheit und Zurückhaltung verstanden. Ich betrachte mit Abstand, aus der Absonderung heraus. Ich urteile nicht. Ich muss nicht reden über die Dinge. Diskretion ist die Fähigkeit, die Dinge stehen zu lassen, sich jedes Urteilens und Bewertens zu enthalten. Diskretion schafft eine angenehme Atmosphäre. In der Nähe eines diskreten Menschen fühle ich mich frei, ich selbst zu sein: Ich werde nicht beobachtet und bewertet, ich darf sein. Dem diskreten Menschen werde ich mich anvertrauen, wenn mich eine Frage umtreibt oder wenn es mir nicht gut geht. Da habe ich keine Angst, von mir zu sprechen. Ich weiß, dass der andere es für sich behält. Indiskretion zerstört Gemeinschaft. Diskretion ist ihre Grundlage.

Das Geheimnis des Ohrläppchens

Schon die Bibel tadelt Menschen, die einfach drauflosreden und alles kommentieren müssen, was sie sehen. Im Buch der Sprichwörter heißt es zum Beispiel: „Verbreite nicht das Geheimnis eines anderen." (Spr 25, 9) Es geht dabei nicht nur um Geschwätzigkeit, sondern um etwas Grundsätzlicheres, nämlich darum, das Geheimnis des anderen stehen zu lassen, es mit Ehrfurcht zu betrachten. Wer alles hinausplappern muss, dessen Leben wird nicht gelingen. Er wird sich bald allein gelassen fühlen, weil ihm niemand mehr etwas anvertrauen möchte: „Der geschwätzige Narr wird straucheln." (Spr 10, 10) In allen Völkern und Kulturen weiß man um die Gefahr der unbedachten Rede. Sie zerstört das Zusammenleben und schürt das Misstrauen untereinander. Der Babylonische Talmud rät, die Ohren vor unanständigen Reden zu verschließen: „Warum ist das ganze Ohr hart, aber das Ohrläppchen weich? Damit der Mensch, wenn er unanständige Reden hört, das Ohrläppchen in das Ohr hineinbiegen kann."

Ergriffen

Viele Beobachter unserer Zeit beklagen, dass die Ehrfurcht verloren gegangen sei. Und es sind nicht nur konservative Nostalgiker, für die früher einfach alles besser war. Ehrfurcht ist die Haltung, die den anderen in seinem Anderssein wahrnimmt und achtet. Die Haltung der Ehrfurcht hat mit Verehrung und Scheu zu tun: Ich spüre das Erhabene, Unbekannte, Geheimnisvolle in Gott oder in einem Menschen. Ich scheue davor zurück – und fühle mich zugleich davon angezogen. Etwas ergreift mich. Die Bibel fordert die Ehrfurcht vor allem Gott gegenüber. Aber auch im Blick auf die Menschen ist Ehrfurcht eine Haltung, die uns gut tut. „Mein Sohn, ehre deinen Vater in Wort und Tat, damit aller Segen über dich kommt." (Sir 3, 8) Die Ehrfurcht erweist dem Vater und der Mutter Ehre. Sie ist eine Quelle des Segens für den Menschen. „Wer den Vater achtet, wird lange leben, und wer seiner Mutter Ehre erweist, der erweist sie dem Herrn." (Sir 3, 5) Der alttestamentliche Weisheitslehrer Jesus Sirach sieht also in der

Ehrfurcht die Voraussetzung für ein langes und gelingendes Leben. Ehrfurcht vor den Eltern heißt nicht, dass ich die Verletzungen übersehe, die sie mir zugefügt haben. Und Ehrfurcht heißt auch nicht, dass ich mein Leben lang von ihnen abhängig bleibe und alles gutheiße, was sie sagen. Vielmehr bedeutet Ehrfurcht, dass ich sie achte, auch wenn ich sie nicht verstehe. Ich ehre sie, auch wenn ich mich von ihnen löse. Nur in dieser Ehrfurcht gelingt ein gutes Ablösen – und nach der Entfernung aus ihrem Bannkreis eine neue Beziehung, in der ich dankbar der Wurzeln gedenke, die mir von ihnen geschenkt wurden.

Die Welt wird zum Marktplatz

„Verlierst du die Ehrfurcht und lässt den Stolz deine Achtung vermindern, dann wird dir die Welt zu einem Marktplatz werden", sagt jüdische Denker Abraham J. Heschel. Er ist überzeugt: Ohne Ehrfurcht würde das Leben langweilig und belanglos. Ohne Ehrfurcht verlieren wir das Staunen vor der Schönheit der Welt. Ohne Ehrfurcht wird alles banal. Es gibt kein Geheimnis mehr, das man staunend bewundern kann. Goethe hält es für die Aufgabe jedweder Religion, zur Ehrfurcht zu erziehen – sie ist für ihn ein Wesensmerkmal der Humanität.

Romano Guardini hat von der Ehrfurcht etwas Ähnliches gesagt: „In der Ehrfurcht verzichtet der Mensch auf das, was er sonst gern tut, nämlich in Besitz zu nehmen und für die eigenen Zwecke zu gebrauchen." Die Ehrfurcht schafft den Raum, in dem der Mensch und die Dinge sein dürfen, was sie sind. Die Würde des Menschen braucht es, dass man Ehrfurcht vor ihr hat. Ohne Ehrfurcht gibt es kein gutes Leben.

Vom Geheimnis des Kindes

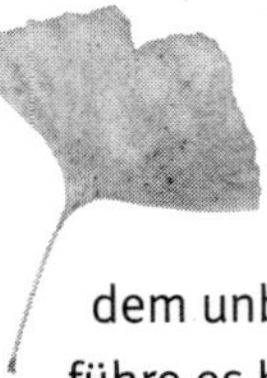

Das deutsche Wort „erziehen“ kommt von „ziehen“. Wenn ich ein Kind erziehe, ziehe ich das aus ihm heraus, was in ihm steckt. Das meint auch das lateinische Wort für „erziehen“, „educare“. Es kommt von „ducere – führen“. Ich führe das Kind heraus aus dem unbewussten in das bewusste Leben. Ich führe es heraus aus der Unreife hinein ins Reifen und Wachsen. Ich locke aus dem Kind heraus, was in ihm steckt.

Als ich mit zehn Jahren ins Internat kam, wurden wir „Zöglinge“ genannt. Wir waren also die, die man erziehen wollte. Und ein wichtiges Erziehungsmittel war die Zucht. Auch „Zucht“ kommt von „ziehen“. Eigentlich bedeutet es, dass der Erzieher aus dem Kind herauszieht, was in ihm ist. Aber oft genug wurde Zucht anders verstanden. Sie wurde zu einem Weg in ein enges Korsett, das uns als Idealbild vorgegeben wurde. Wir wurden in etwas hineingezogen, das wir eigentlich gar nicht wollten. Zucht wurde direkt mit Ordnung in Verbindung gebracht – wir hatten uns einfach der Zucht zu beugen.

Der libanesische Dichter Khalil Gibran versteht unter Erziehung etwas anderes. Es kommt dem nahe, was die Sprache zum Ausdruck bringt: herausziehen, hervorlocken, was immer schon da ist. „Deine Kinder sind nicht dein Besitz, sie sind Söhne und Töchter der Sehnsucht des Lebens nach sich selbst. Ihre Seele wohnt im Haus des Morgen, wo du sie nicht besuchen kannst." Die Kinder gehören nicht den Eltern und Erziehern. Sie gehören letztlich Gott. Und – wie Gibran es formuliert – sie gehören der Sehnsucht des Lebens nach sich selbst. Sie haben in sich eine Sehnsucht, der zu sein, der sie von Gott her sein wollen, dem einmaligen Bild zu entsprechen, das Gott sich von ihnen gemacht hat. Das verlangt, dass die Eltern sich in das Geheimnis jedes Kindes hineinmeditieren. Welche Sehnsucht steckt in diesem Kind? Was ist sein Geheimnis? Was denkt es? Wie fühlt es? Was ist seine Stärke, was seine Begabung? Wenn ich jedes Kind meditiere, erkenne ich, dass jedes einmalig und einzigartig ist, dass jedes seine eigene

Weise hat zu denken, zu fühlen, zu handeln, zu wachsen. Ich kann über das Kind nicht verfügen. Ja, es wohnt in einem Haus, in dem ich es nicht besuchen kann. Ich kann nur erahnen, was das Morgen ist, das in diesem Kind aufleuchtet. Aber ich weiß nicht, was für es stimmt. Ich kann mich im Haus seiner Seele nicht umsehen wie in seinem Zimmer, das ich aufräume, wenn es durcheinander geraten ist. Das Haus seiner Seele vermag ich nicht einzurichten nach meinem Geschmack. Es ist unzugänglich für mich. Ich kann es nur achten und dafür beten, dass das Kind in diesem Haus des Morgens daheim sein kann, dass es sein eigenes Morgen erkennt und zulässt.

Loslassen als Kunst

„Wir wünschen uns Kinder, die sich anpassen und die hervorstechen. Selten sind wir uns bewusst, dass zwischen diesen beiden Zielen ein Widerspruch besteht." Die Pulitzerpreisträgerin Ellen Goodman macht hier auf ein anderes Dilemma bei der Kindererziehung aufmerksam: Auf der einen Seite möchten wir pflegeleichte Kinder, auf der anderen Seite Kinder, die sich auszeichnen durch ihre eigene Meinung, durch Eigenschaften, die sie von anderen abheben. Doch angepasste Kinder können kaum hervorstechen, sie bleiben Mittelmaß. Von beiden Erwartungen müssen wir lassen, damit die Kinder das werden können, was sie aus sich heraus sind.

Loslassen gehört zum Wesen guter Erziehung. Gute Eltern wissen, dass sie ihre Kinder loslassen müssen. Doch sobald es dafür an der Zeit ist, fällt es ihnen gleichwohl schwer. Vor allem, wenn der Sohn eine Freundin mit nach Hause bringt, die gar nicht den eigenen Vorstellungen entspricht, werden schnell alle guten Vorsätze des Loslassens über den Haufen geworden. Dabei gilt gerade dann das Wort des großen amerikanischen Verlegers Malcolm Forbes: „Wer seine Kinder behalten will, muss sie gehen lassen." Und zwar erst recht, wenn sie andere Wege gehen, als man sich das vorgestellt hat. Die Kinder, die ihren eigenen Weg gehen, werden auch immer wieder zurückkommen zu den Eltern und dankbar sein für das, was sie von ihnen mitbekommen haben.

Freundlichkeit weckt Leben

Wenn ich in ein Geschäft gehe, um etwas zu kaufen, bin ich dankbar, wenn eine freundliche Verkäuferin mich bedient. Ich spüre sehr schnell, ob die Freundlichkeit aufgesetzt ist und nur der Verkaufsförderung dient, oder ob sie echt ist.

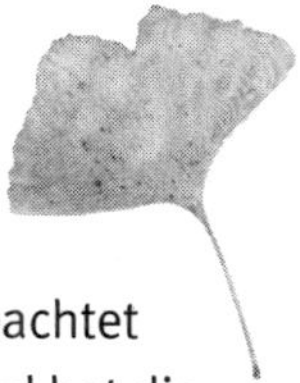

Ein freundlicher Mensch tut mir gut. In seiner Nähe fühle ich mich wohl. Von ihm geht etwas Liebenswürdiges und Heiteres aus, und ich fühle mich geachtet und wahrgenommen. Abraham J. Heschel hat die Erfahrung gemacht, dass ihm gerade im Alter freundliche Menschen gut tun: „Als ich jung war, verehrte ich kluge Menschen. Nun, da ich alt bin, verehre ich freundliche Menschen." Der freundliche Mensch beurteilt den anderen nicht. Er wendet sich ihm freundlich zu, er lächelt ihn an, er weckt in ihm neues Leben. Freundlichkeit bringt uns in Berührung mit unserer eigenen Freude und Heiterkeit, mit der inneren Leichtigkeit unserer Seele. Sie steckt an. Und sie strahlt zurück. Sie tut allen gut.

Lächeln – der Anfang der Liebe

„Der freundliche Mensch zieht die Zuneigung auf sich“, weiß ein Sprichwort aus Kamerun. Der freundliche Mensch ist nicht nur eine Wohltat für andere – es geht ihm auch selbst gut. Ein unfreundlicher Mensch isoliert sich, er schafft sich in einem Klima der Aggressivität und Unzufriedenheit nur Feinde. Das Negative wirkt sich ebenso aus wie das Positive. Dem freundlichen Menschen begegnen auch die anderen freundlich: Sie erwidern, was er in die Welt ausgestrahlt hat. Mutter Teresa hat in dieser Freundlichkeit eine Konkretisierung der Botschaft Jesu gesehen und ihre Mitschwestern aufgerufen: „Lächeln ist der Anfang der Liebe. Seid freundlich und barmherzig. Lasst niemand, der zu euch kommt, nicht besser und glücklicher wieder gehen.“

Vertieftes Erleben

„Wenn einer in den Himmel hinaufstiege und die Natur der Welt und die Schönheit der Gestirne erschaute, so wäre doch der wundersame Anblick ohne Reiz für ihn; er wäre aber höchst erfreulich, wenn er nur einen hätte, dem er davon erzählen könnte." So sagt es der römische Philosoph Cicero in seinem Buch „Laelius, über die Freundschaft". Wir können zwar die Schönheit einer Landschaft wahrnehmen und genießen. Aber es drängt uns zugleich, die Schönheit einem anderen mitzuteilen. Gemeinsam durch eine schöne Gegend zu wandern, erhöht das Glück. Das Glück möchte man teilen. Wenn ich es nur für mich behalte, wird es schal. Manchmal genügt es, dem anderen zu zeigen, wie schön der Herbstwald in der Sonne leuchtet oder wie da hinter den Wolken ein Gipfel hervorlugt. Dann schauen die Freunde schweigend in die gleiche Richtung und bewundern das Geschaute. Ein andermal drängt es mich, das, was ich schaue, auch in Worte zu fassen. Das gemeinsame Ringen nach Worten vertieft das Erleben. Es teilen zu können, tut beiden gut.

Geteilte Erfahrungen

Soldaten, die im Krisengebiet des Kosovo schwierige und oft lebensgefährliche Einsätze mitmachen mussten, erzählten mir, dass ihre Freundinnen sich absolut nicht für das interessierten, was sie erlebt hatten. Das hat sie tief verletzt. Oft war es ein Grund, die Freundschaft aufzukündigen. Vergangene Erlebnisse kann ich zwar selber immer wieder in Gedanken hervorholen. Aber es vertieft die Erinnerung, wenn ich sie dem Freund erzählen kann. Ich weiß, dass er zuhört, dass es ihn interessiert.

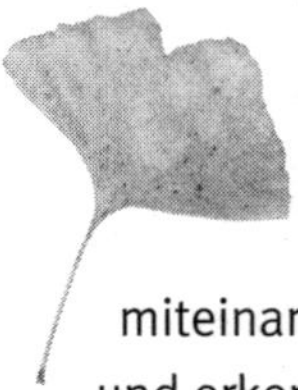

Wenn der Freund nicht bereit ist, das, was mir wichtig ist, mit mir zu teilen, fühle ich mich allein gelassen und verletzt. Zur Freundschaft gehört es, miteinander zu teilen, was jeder für sich erlebt und erkennt und spürt. Im Teilen wird das Erlebte dichter, tiefer, lebendiger. Und im Erzählen und Zuhören wächst die Freundschaft. In Zeiten des Unglücks und in Zeiten der Freude. So hat Buddha das Wesen der Freundschaft verstanden: „In dreifacher Hinsicht zeigt sich die Freundschaft: Man hilft einander, das Unheilsame zu überwinden, das Heilsame zu entfalten, und man verlässt einander nicht im Unglück." Freunde zeigen sich in der Not. Aber nicht nur. Elie Wiesel erinnert an eine Weisheit des Chassidismus: „Die wahren Freunde erkennt man im Glück, denn nur sie sind nicht eifersüchtig, wenn ihr euch freut."

Eine Waffe der Liebe

Das deutsche Wort „friedfertig“ übersetzt das griechische Wort „eirenopoioi“, das Jesus in den Seligpreisungen ausgesprochen hat. Jesus hat die selig genannt, die Frieden machen, die Frieden stiften. Es geht nicht nur um Menschen, die in sich Frieden haben, sondern um Menschen, die bereit sind, auch um sich herum Frieden zu schaffen. Es ist eine Kunst, Frieden zu stiften. Aber zugleich ist es eine Menge Arbeit. Es verlangt, mit den Menschen zu sprechen, gut hinzuhören, was sie eigentlich wollen und dann einen Weg zu finden, wie die Menschen miteinander reden und sich einigen können. Jesus sieht in der Feindesliebe die Voraussetzung, in unserer Welt Frieden herzustellen: „Liebt eure Feinde und betet für die, die euch verfolgen, damit ihr Söhne eures Vaters im Himmel werdet; denn er lässt seine Sonne aufgehen über die Bösen und Guten, und er lässt regnen über Gerechte und Ungerechte.“ (Mt 5,44f) Feindschaft entsteht immer durch Projektion. Jemand kann

etwas bei sich nicht annehmen und projiziert es auf mich und bekämpft es bei mir. Wenn ich nun darauf empört reagiere, dann übernehme ich das Angebot der Feindschaft, das der andere mir gemacht hat. Die Liebe zum Feind heißt nicht, dass ich alles mit mir geschehen lasse. Vielmehr bedeutet sie, dass ich die Projektion durchschaue. Ich sehe in dem, der mich so feindselig behandelt, die innere Zerrissenheit, seine Unfähigkeit, mit sich in Frieden zu leben. Indem ich diesen in sich zerrissenen Menschen liebe, unterbreche ich den Teufelskreis der Feindschaft und schaffe einen Raum, in dem Frieden entstehen kann: Frieden zuerst in dem Menschen, der sich selbst nicht annehmen kann, und dann Frieden zwischen uns.

Im Jerusalemer Talmud heißt es: „Es gibt keine gesegnetere Waffe als den Frieden." Das ist ein paradoxes Wort. Der Friede entsteht ja, wie es der Prophet Jesaja verheißen hat, wenn die Schwerter zu Pflugscharen umgeschmiedet werden (Jes 2,4). Doch der Talmud nennt den Frieden eine Waffe, die voller Kraft ist, die etwas bewirken kann. Aber es ist eine gesegnete Waffe, eine Waffe, die Segen bringt, die Menschen miteinander verbindet, anstatt sie zu entzweien, die das Miteinander schützt, anstatt es zu zerstören. Es braucht Mut, diese Waffe einzusetzen. Karl Rahner nennt in einem Vortrag „Zur Theologie des Friedens“ die Waffe der Liebe, die den Frieden schafft, etwas „Verrücktes“. „Liebe ist wirklich so etwas wie das Verrückte, das Unwahrscheinliche, dasjenige, was sich nicht rentiert, dasjenige, wodurch man der Dumme bleibt, worin man sich ausnützen lässt. Es ist also auch das, wo man den Mut hat, Vorleistungen zu machen – vor denen zum Beispiel unsere Politiker immer so zurückschrecken.“ Wirklicher Frieden geschieht aber nur auf diesem Weg der Liebe.

Reich beschenkt

Die Antike schätzte die Gastfreundschaft als wichtige Tugend des Menschen: Die Gastfreundschaft gewährt Fremden eine Herberge, sie schafft Beziehungen zwischen den Völkern. Die Bibel übernimmt die Hochschätzung der Griechen für die Gastfreundschaft. Das wird vor allem im Lukasevangelium deutlich. Jesus selbst ist hier der göttliche Wanderer, der vom Himmel herabsteigt und immer wieder

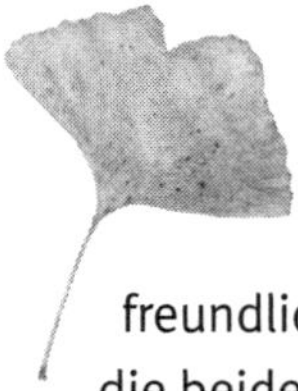

die Gastfreundschaft von Menschen in Anspruch nimmt. Er beschenkt die, die ihn aufnehmen, mit göttlichen Gaben, mit der Gabe seiner Menschenfreundlichkeit und Weisheit. Maria und Martha, die beiden Schwestern, zeigen beide Aspekte der Gastfreundschaft. Martha nimmt Jesus und seine Jünger freundlich auf und sorgt für sie, sie erfrischt und stärkt sie mit den Gaben des Hauses. Maria dagegen setzt sich zu Füßen des Gastes, um ihm zuzuhören. In der Sorge für den Fremden sind wir auch in Gefahr, ihn zu vereinnahmen. Daher braucht die Gastfreundschaft auch ein offenes Ohr: Der Fremde beschenkt uns mit Worten, die wir uns nicht selbst sagen können. Die Emmausjünger, die Jesus einladen, mit ihnen ins Haus zu kommen, werden beschenkt durch die Erfahrung des Auferstandenen. Ihnen gehen die Augen auf und ihre Herzen brennen.

Herberge für Engel

„Vergesst die Gastfreundschaft nicht; denn durch sie haben einige, ohne es zu ahnen, Engel beherbergt." So mahnt der Hebräerbrief die frühen Christen (Hebr 13, 2). Der Autor denkt da an Abraham, den die drei Engel besuchten. Die Ikonenmaler haben diese als Bild für den dreifaltigen Gott verstanden und gerne als Motiv gewählt. Ohne die Gastfreundschaft hätte sich das Christentum kaum so rasch in der Welt ausbreiten können: Die christlichen Wanderprediger fanden immer wieder gastfreundliche Häuser, in denen sie Aufnahme fanden.

Auch das alte Judentum kennt ihren Wert. Der Babylonische Talmud sagt von der Gastfreundschaft, dass sie gleich viel wiegt wie der Gottesdienst. Dort, wo Religion die Menschen prägt, ist Gastfreundschaft immer als hohes Gut angesehen worden. Und der Wert einer Kultur zeigt sich in der Hochschätzung der Gastfreundschaft.

Sie wäre gerade heute vonnöten, um Verbindung zu schaffen zwischen den verschiedenen Kulturen.

Sie trägt dazu bei, Vorurteile gegenüber Fremden abzubauen und Gemeinschaft zu stiften. Ich bin dankbar, dass ich daheim ein gastfreundliches Haus erlebt habe. Meinem Vater waren alle willkommen: Schon in den fünfziger Jahren hat er immer zu Weihnachten ausländische Studenten eingeladen, mit uns das Fest zu feiern. Die Gäste haben bei ihm immer hohe Wertschätzung erfahren. Beim Abschied sagte einmal ein argentinischer Mitbruder, der kein Wort Deutsch sprach: „Bei deinem Vater fühlt man sich geachtet." Schöner kann man nicht ausdrücken, was Gastfreundschaft vermag.

Eine Kunst, die gelernt sein will

„Wer nicht genießen kann, wird ungenießbar" sagt ein Sprichwort. Das deutsche Wort „genießen" kommt eigentlich von „fangen, ergreifen". Über das, was ich gefangen habe, kann ich verfügen. Da habe ich Nießbrauch. Es ist also ein Wort, das mehr vom Nutzen ausgeht und nicht von der Freude, die etwas vermittelt. Die Lateiner sprechen von „frui". Und aus diesem Wort spricht mehr die Freude und die Lust an dem, was ich genieße. Genießen kann nur der, der sich Zeit lässt. Er bleibt stehen bei dem wunderbaren Anblick der untergehenden Sonne. Er genießt den Blick vom Gipfel, den er mühsam bestiegen hat. Und er genießt den guten Wein, indem er sich den Geschmack auf der Zunge zergehen lässt. Genießen braucht neben der Zeit auch Achtsamkeit. Ich bin ganz in dem, was ich tue. Ich bin ganz im Schauen oder im Schmecken. Wer die Nahrung herunter schlingt, der genießt nicht. Er sättigt sich nur, um wieder genügend Kraft zum Arbeiten zu haben. Genießen ist etwas anderes.

Da spüre ich das, was ich esse oder trinke. Ich freue mich daran. Genießen will gelernt sein. Es ist eine Kunst. Und Menschen, die zu genießen verstehen, sind immer angenehme Menschen. Ihnen bereitet das Leben Freude und sie machen auch anderen Freude.

Größer als die Engel

Wer gerecht lebt, der blüht auf. Die Bibel preist die Gerechten immer wieder selig. Im Psalm 92 heißt es: „Der Gerechte gedeiht wie die Palme, er wächst empor wie die Zedern des Libanon." (Ps 92,13) Wer richtig lebt, so wie es seinem Wesen entspricht, dessen Leben bringt reiche Frucht.

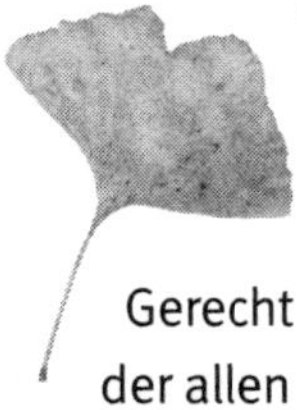

Doch Gerechtigkeit bezieht sich nicht nur auf das richtige Leben, sondern auch auf den Umgang mit anderen. Gerecht ist der, der jedem das Seine zuteilt, der allen Menschen gerecht wird. Von solchen gerechten Menschen geht Segen aus für die Umwelt. Das Buch der Sprichwörter drückt das so aus: „Der Pfad der Gerechten ist wie das Licht am Morgen; es wird immer heller bis zum vollen Tag." (Spr 4,18) Häufig setzen die Sprichwörter den Gerechten in Gegensatz zu den Frevler, die sich nicht um das Rechte kümmern: „Das Andenken des Gerechten ist gesegnet, der Name der Frevler vermodert." (Spr 10,7) Oder: „Der Mund des Gerechten ist ein Lebensquell, im Mund der Frevler versteckt sich Gewalttat." (Spr 10,11) Offensichtlich gelingt das Leben nur, wenn wir unserem Wesen gerecht werden, so wie Gott es uns zugedacht hat, wenn wir das Richtige tun, wenn wir richtig leben, aufrecht, gerade und geradlinig.

Das Neue Testament preist Josef, den Mann Marias, als einen Gerechten. „Josef, ihr Mann, der gerecht war und sie nicht bloßstellen wollte, beschloss, sich in aller Stille von ihr zu trennen." (Mt 1,19) Josef verbindet Gerechtigkeit und Barmherzigkeit. Er besteht nicht auf Einhaltung der Gebote. Er wird vielmehr dem Menschen gerecht. Er möchte seiner schwangeren Verlobten nicht schaden und sie nicht beschämen. Gerechtigkeit ist offensichtlich die Bedingung, dass das Miteinander gelingt. Schon der griechische Philosoph Platon hat die Gerechtigkeit gepriesen. Für ihn ist sie die zentrale Tugend. Sie besteht darin, dass der Mensch den eigenen Seelenkräften gerecht wird, dass er einen guten Ausgleich der verschiedenen Bereiche in seiner Seele erreicht. Und Gerechtigkeit ist die Kunst, jedem das Seine zuzuteilen. So entsteht

Friede in der Gesellschaft. Gerechtigkeit haben wir als Tugend bitter nötig, damit unser Leben taugt, damit es gelingt. Jesus preist die selig, „die hungern und dürsten nach der Gerechtigkeit; denn sie werden satt werden." (Mt 5,6) Der babylonische Talmud drückt die Hochschätzung des gerechten Menschen in einem Bild aus: „Die Gerechten sind größer als die Engel." Höher kann man von Gerechtigkeit nicht denken.

Die beste Medizin – ein fröhliches Herz

Dass Gesundheit zu einem guten Leben nötig ist, sieht jeder ein. Doch heute ist sie bei vielen an die Stelle der Religion getreten. Häufig wird sie als das höchste Gut schlechthin angesehen. Alle Anstrengungen kreisen dann nur darum, möglichst gesund zu leben. Doch wer die Gesundheit zur Religion erhebt, dem kommt sie abhanden. Die griechischen Ärzte wussten, dass Gesundheit das Ergebnis anderer Werte ist: Wer seiner Natur gemäß lebt, der lebt gesund. Zur Natur des Menschen gehört es aber auch, über sich hinaus und auf Gott zu blicken als auf den höchsten Wert. Daher ist die Religion für die Medizin der Antike ein wichtiger Weg zur Gesundheit. Aber selbst wenn man alle gesunden Wege geht – gesunde Lebensführung, gesunde Ernährung, gesunde Lebenseinstellung, gesunde Spiritualität –: Eine Garantie für die Gesundheit gibt es nicht. Sie ist kein Rechtsgut, das uns zusteht. Sie ist immer auch ein Geschenk. Und unser Leben kann immer wieder durchkreuzt

werden von Krankheit und von der Erfahrung von Schwäche und Hilflosigkeit. Wer sich nur um seine Gesundheit sorgt, der wird sie bald verlieren, das weiß schon der Babylonische Talmud: „Sorge tötet die stärksten Menschen." Und umgekehrt sagt die Bibel: „Ein fröhliches Herz ist eine gute Medizin." (Spr 11,12)

Diätwahn und Glückssucht

„Die ständige Sorge um die Gesundheit ist auch eine Krankheit", sagt der griechische Philosoph Platon. Manche Menschen suchen in Kursen und Diätbüchern nach der richtigen Ernährung, nach der gesunden Lebensweise. Es ist gut, wenn wir unsere Gesundheit als hohes Gut schätzen und uns überlegen, was uns wirklich gut tut. In Anlehnung an Platon könnte man aber auch sagen: Das ständige Aussein auf Glück ist Unglück. Der Arzt und Therapeut Manfred Lütz hat dazu ein aktuelles und bissiges Buch geschrieben. Es handelt von der Unfähigkeit zur Lebenslust, die als Jagd nach Lebenslust daherkommt, und trägt den provozierenden Untertitel: „Wider die Diät-Sadisten, den Gesundheitswahn und den Fitness-Kult". Er spricht sicher vielen aus der Seele, wenn er den übertriebenen Kult um den eigenen Körper lächerlich macht: „Alle Bodypropheten und Gesundheitsapostel haben den Spaß im Mund, die Verheißungen unendlichen Vergnügens, den endgültigen Fun. Die Berge kreißen und heraus kommen Waschbrettbäuche, braun gebrannte Zombies und geliftete Tanten. Ich protestiere: Im Namen der Lust am Leben."

Die ununterbrochene Suche nach Vergnügen bringt nur Enttäuschung. Die Sorge um Gesundheit, die Suche nach Glück, das Streben nach Freude muss immer mit Maß geschehen. Und ich muss immer damit rechnen, dass ich auf dem Weg zur Gesundheit auch Krankheit erfahre, auf dem Weg zum Glück auch Unglück und auf dem Weg zur Freude auch Trauer. Nur wenn ich immer beide Pole berücksichtige, kann meine Suche nach Glück gelingen.

Krankheit als Chance

Für die Griechen war die wichtigste Aufgabe der Ärzte nicht, Krankheiten zu heilen, sondern die Kunst des gesunden Lebens zu lehren. Die frühe Kirche hat sich dieser Aufgabe angenommen und den spirituellen Weg als Weg zu einem gesunden Leben verstanden: Die Askese dient der Gesundheit, und die Feste sind dazu da, den Menschen mit seiner ursprünglichen Kraft zu verbinden. Das Kirchenjahr ist für C. G. Jung ein therapeutisches System. Es feiert im Laufe eines Jahres Feste, an denen die wichtigsten Themen der menschlichen Seele zum Ausdruck kommen. Aber die christliche Spiritualität wusste immer auch, dass Krankheit und Leid zum Menschen gehören. Für sie war es kein Scheitern auf dem geistlichen Weg, wenn der Mensch krank wurde. Krankheit wurde vielmehr als Chance gesehen, sich noch mehr für Gott und für die eigene Wahrheit zu öffnen. Auch wenn ich mich noch so gesund ernähre und Sport treibe, auch wenn ich eine gesunde Spiritualität übe, kann ich krank werden. Die Krankheit widerfährt mir, sie kommt über mich von außerhalb. Und die Kunst besteht darin, sich von ihr öffnen zu lassen für das tiefe Geheimnis allen Seins, sich die Masken abnehmen zu lassen und in Berührung zu kommen mit dem wahren und unverfälschten Selbst.

Die Ursache des Unglücks

Jeder Mensch strebt danach, glücklich zu sein. Doch je mehr er darauf fixiert ist, unter allen Umständen glücklich zu sein, desto weniger wird er es. Das hat schon der chinesische Weise Chuang-Tzu gewusst, der sagt: „Glück ist die Abwesenheit des Strebens nach Glück." Glücklich bin ich in dem Augenblick, in dem ich im Einklang bin mit mir, in dem ich mich selbst vergessen kann. Ich strebe dann nach nichts. Ich bin einfach da. Ich bin frei von allen Zwängen, von allem Druck, etwas erreichen zu müssen. Heute gibt es viele Bücher über das Glück. Zugleich hat man den Eindruck, dass die Menschen noch nie so unglücklich waren wie zu unserer Zeit. Der amerikanische Sozialphilosoph Eric Hoffer ist ganz nah bei dem alten chinesischen Weisen Chuang-Tzu, wenn er die Ursache dafür gerade in der übertriebenen Suche nach Glück sieht: „Die Suche nach Glück ist eine der Hauptursachen des Unglücks." Viele meinen, Glück könne man machen oder irgendwo finden, auf einer schönen Reise, an

einem Wellness-Wochenende oder im sportlichen Erfolg. Doch das Glück sollen wir nicht irgendwo außerhalb unserer selbst suchen. Es ist schon in uns. Wir müssen bloß in uns hineinschauen und dort den Reichtum unserer Seele entdecken. Es ist in uns, wenn wir Ja sagen zu uns selbst, wenn wir dankbar sind für unser Leben und für die tausend kleinen Dinge, die uns täglich geschenkt werden.

Ein enges und ein weites Herz

Die jüdische Weisheit sagt vom Geizigen: „Der Geizige ist nicht Herr seines Reichtums, sondern der Reichtum ist der Herr des Geizigen." Großzügig nennen wir dagegen einen freien Menschen, der gerne austeilt, der nicht kleinlich darüber wacht, dass er ja genug hat, sondern der das Seine mit den anderen teilt. Das Wort „großzügig" hat ursprünglich die Bedeutung, dass es jemanden zu Großem zieht und dass er im Großen zügig ist, d. h. schnell ist, dass er ohne etwas lange zu bedenken, Großes tut und Großes verteilt. Neben großzügigen Menschen fühlen wir uns wohl. Da wird unser Herz weit. Geizige Menschen dagegen hinterlassen bei uns einen bitteren Beigeschmack. In ihrer Nähe wird es uns selber eng ums Herz. Geizig ist der Mensch, der übertrieben sparsam ist. Aber ursprünglich kommt das Wort Geiz von Gier. Der Geizige ist gierig nach Reichtum. Ein Weg dazu ist, dass er nichts hergibt, sondern alles für sich behält. Doch der Geizige kann sich an dem nicht freuen, was er besitzt. Er muss es sogar vor anderen verstecken, aus Angst, andere könnten neidisch werden und ihm seinen Reichtum streitig machen.

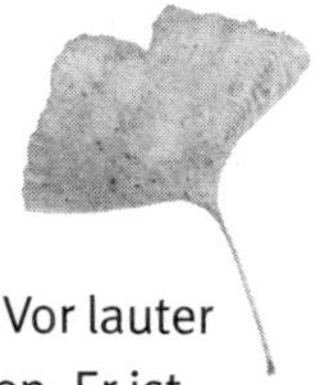

Der griechische Redner Demokrit sagt von den Geizigen: „Die Geizigen sind mit den Bienen zu vergleichen. Sie arbeiten, als ob sie ewig leben würden." Vor lauter Arbeit vergisst der Geizige das Genießen. Er ist weder fähig, das Seine für sich zu genießen, noch es mit anderen zu teilen. Wirklich freuen kann ich mich am Besitz nur dann, wenn ich auch mit anderen teile. Wenn ich für mich allein esse, empfinde ich weniger Freude, als wenn ich mit anderen Mahl halte und sie an meinen Gaben Anteil nehmen lasse. Der Geizige kennt nur Arbeiten und Sparen. Er vergisst dabei das Leben. Geiz engt das Herz ein. Der Großzügige hat dagegen ein weites Herz. Er will sein großes Herz mit anderen teilen und es für andere öffnen. Weil ihm das Herz wichtiger ist als die vielen Dinge, die er besitzt, kann er großzügig von seinem Besitz austeilen. Und in seinem großen Herzen haben viele Menschen Platz, die darin Liebe, Wärme und Trost finden.

Wo das Geheimnis wohnt

Der Mensch braucht Heimat, um gesund zu leben. In „Heimat“ steckt das Wort „Heim“. Heimat ist dort, wo ich wohne, wo ich ein Heim habe. Noch ein anderes Wort ist dem verwandt: „Geheimnis“. Daheim sein kann man nur, wo das Geheimnis wohnt, wo etwas ist, das mich übersteigt. Heimat ist mehr als die Erinnerung an etwas Früheres, an die Geborgenheit der Kindheit. Sie spricht uns an, weil sie uns an mehr erinnert – an etwas, das uns damals fasziniert hat, das unser Herz erhoben hat, das vom Himmel auf uns eingeströmt ist. Heute fühlen sich viele Menschen heimatlos, viele sind unbehaust und entwurzelt. Andere trauern ihrer verlorenen Heimat nach. Wir sollten die Heimat dort suchen, wo sie wahrhaft zu finden ist: im eigenen Herzen, dort, wo das Geheimnis Gottes in uns wohnt. Wenn wir bei uns selbst daheim sein können, werden wir auch dort, wo wir gerade wohnen, Heimat erfahren.

Wohl dem, der Heimat hat

Ein jüdischer Midrasch sagt: „Besser für den Menschen zu sterben, als aus seiner Heimat vertrieben zu werden." Die Juden wussten, was Heimat ist. Verstreut in alle Welt, war es für sie umso wichtiger, um ihre Heimat zu wissen.

Auch Friedrich Nietzsche hat darum gewusst, keine Heimat zu haben. Die erste Strophe seines Gedichts „Vereinsamt" lautet:

„Die Krähen schrein
Und ziehen schwirren Flugs zur Stadt:
Bald wird es schnein, –
Wohl dem, der jetzt noch – Heimat hat!"

Die letzte Strophe wiederholt die Zeilen der ersten, doch schließt sie mit dem bangen Ruf:

„Weh dem, der keine Heimat hat!" Für Nietzsche kann die „Winter-Wanderschaft" nur bestehen, wer eine Heimat hat. Mit dem Bild der Winter-Wanderschaft umschreibt er unser modernes Lebensgefühl des Unterwegs-Seins: Es ist nicht das fröhliche Wandern der Romantik, sondern ein Wandern in winterlicher Landschaft, in Eiseskälte. Die Gefühle sind wie erfroren. Es blüht nichts mehr in unserem Leben. Da braucht es die Erfahrung der inneren Heimat, um in der Kälte unserer Welt bestehen zu können.

Das schönste Wort

„Helfen“ sei das schönste Wort in der Welt, noch schöner als „lieben“. Die österreichische Schriftstellerin und Friedensnobelpreisträgerin Berta von Suttner hat das gesagt. Einem anderen zu helfen, ihn zu unterstützen, ihm beizustehen, darin zeigt sich echte Menschlichkeit. Marion Wright Edelmann geht sogar noch weiter: „Hilfsbereitschaft ist die Miete, die wir für unser Dasein bezahlen. Sie ist der Hauptzweck des Lebens. Man sollte sie nicht mit einer Freizeitbeschäftigung verwechseln.“ Dass wir einander lieben sollen, darüber sind sich alle Menschen einig. Aber oft bleibt die Liebe in der Idee stecken, sie drückt sich nicht im konkreten Miteinander aus. Das Helfen ist die Konkretisierung der Liebe. Es ist oft wenig spektakulär und drückt sich in den kleinen alltäglichen Handlungen aus, die wie selbstverständlich erscheinen, dem anderen aber doch eine wichtige Hilfe sein können. Auch die englische Frauenrechtlerin und Autorin des 19. Jahrhunderts Harriet Martineau fordert

die Erdung unserer idealisierten Vorstellungen von Liebe: „Eine Seele, die von großartigen Ideen beschäftigt wird, führt am besten kleine Pflichten aus." Ähnlich formuliert es der Dichter William Blake: „Gutes tun heißt, es ganz konkret, in einer ganz bestimmten Minute zu tun. Das Gute im Allgemeinen ist der Ausweg für Narren und Schurken." Wir sind immer in Gefahr, über das Gute und über die Liebe zu diskutieren. Aber wir tun uns schwer, einfach danach zu handeln. Nutzen wir einfach die nächste Gelegenheit. „Es gibt nichts Gutes, außer man tut es!" (Erich Kästner)

Hilf jedem!

Heute suchen spirituelle Menschen häufig nach besonders intensiven religiösen Erfahrungen. Sie sehnen sich nach Erleuchtung. Als Ram Dass, ein amerikanischer Psychologe, der den buddhistischen Weg geht, seinen Lehrer fragte, wie er zur Erleuchtung finden könne, sagte der nur: „Hilf jedem!" Das war für Ram Dass erst einmal eine Enttäuschung. Es klang so profan. Er hatte sich irgendwelche spirituellen Übungen vorgestellt, die ihn zur Erleuchtung bringen würden. Aber der Meister verwies ihn auf den Alltag. Jesus hat das in einem provozierenden Wort ähnlich getan. Er erzählt das Gleichnis von einem Sklaven, der tut, was von ihm erwartet wird, ohne besonderen Lohn zu erwarten: „So soll es auch bei euch sein: Wenn ihr alles getan habt, was euch befohlen wurde, sollt ihr sagen: ‚Wir sind unnütze Sklaven; wir haben nur unsere Schuldigkeit getan.'" (Lk 17, 10) Viele ärgert dieses Wort. Doch es entspricht der Weisheit vieler Völker. Die Chinesen sagen: „Tao ist das Gewöhnliche." Spiritualität heißt: das zu tun, was ich schuldig bin –

mir, dem anderen und diesem konkreten Augenblick. Spiritualität heißt nicht, sich über andere zu erheben oder etwas Besonderes zu wollen, mit dem man dann gut dasteht, sondern sich auf das Gewöhnliche des Alltags einzulassen. Es geht darum, dem zu helfen, dem ich gerade Hilfe schulde, weil er der Hilfe bedarf. So hat auch Mahatma Gandhi Spiritualität verstanden. Er ließ auf sein Grabmal schreiben: „Denke an die ärmste Person, der du je begegnet bist, und überlege dir, ob deine nächste Handlung ihr eine Hilfe sein wird."

Alles wird gut

Hoffnung ist kein Schönwettergefühl. Der jüdische Philosoph Walter Benjamin sagt: „Die Hoffnung ist uns um der Hoffnungslosen willen gegeben." Heute gibt es viele Hoffnungslose. Sie haben die Hoffnung auf eine bessere Zukunft verloren. Oft genug haben sie die Hoffnung für sich selbst aufgegeben. Für Dante ist, wer die Hoffnung fahren lässt, schon in der Hölle. Hoffnung eröffnet uns die Zukunft. Sie zeigt uns, dass das Leben lebenswert ist. Sie treibt uns voran auf unserem Weg. Sie stärkt uns. Sie weitet das Herz. Hoffnung gilt letztlich immer einer Person – ich hoffe für dich und für mich: Ich hoffe für mich, dass alles gut wird, und ich hoffe für dich, dass dein Leben gelingen mag – dass du innerlich weiter wächst und immer mehr der wirst, der du von Gott her bist.

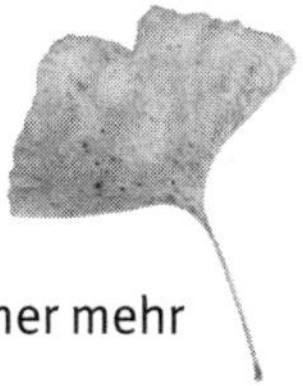

Zuruf der Seele

Friedrich Hölderlin, unter den großen deutschen Dichtern für mich der wichtigste, hat die Quelle der Hoffnung im Heiligtum seiner Seele gesehen. „Ich habe so oft erfahren, wie ein Zuruf, der aus dem Heiligthume unserer Seele kam, in tiefer Betrübnis uns beglücken und neues Leben, neue Hoffnung schenken kann."

In unserer Seele spricht die Hoffnung zu uns. Die Hoffnung gibt nicht auf. Sie hofft trotz widriger Umstände auf eine bessere Zukunft: Ich vertraue darauf, dass du eine gute Zukunft hast, auch wenn es dir momentan nicht gut geht. Ich hoffe, dass mein Leben gelingt, trotz der Krankheit und der Krise, die ich gerade durchlebe.

Alles wird gut sein

„Hoffnung ist, was von Werken begleitet ist, sonst sind es nur leere Wünsche." (Ibn Ata Allah) Hoffnung ist demnach nicht nur eine innere Haltung. Sie will sich vollziehen im Tun. Hoffnung hat die frühen Christen dazu getrieben, in die ganze Welt zu ziehen und die frohe Botschaft des Evangeliums zu verkünden. Hoffnung hat Menschen angesteckt, sich für eine bessere Zukunft der Gesellschaft einzusetzen. Hoffnung überspringt immer das, was wir sehen. Sie glaubt an etwas, das noch nicht sichtbar ist. Ernst Bloch hat eine Philosophie der Hoffnung geschrieben und damit eine ganze Generation im Aufbruch inspiriert: „Das Prinzip Hoffnung". In diesem Entwurf beschreibt er, dass die Menschen in allem, was sie tun, über den gegenwärtigen Augenblick hinausweisen. Alles ist Vorschein von etwas, das wir alle erhoffen: Vorschein erfüllten Lebens, Vorschein des höchsten Gutes, auf das wir alle hoffen. Ernst Bloch zitiert in seinem Werk Augustins Utopie der „civitas dei", der Stadt Gottes. Der siebte Schöpfungstag steht für

Augustinus noch aus: „Der siebte Tag werden wir selbst sein. Dies septimus nos ipsi erimus." Da wird Gott an uns vollbringen, was er sich von uns vorgestellt hat. Da wird unser wahres Wesen offenbar werden. Da wird auch in uns alles gut sein. Alles wird gut sein.

Schutz, den wir brauchen

Höflichkeit war lange Zeit als bürgerliche Haltung oder als Sekundärtugend verpönt. Die 68er-Generation machte sich frei von der Höflichkeit, zu der sie erzogen und manchmal vielleicht auch gedrillt worden war. Doch schon kurz nach dem „Befreiungsakt" erkannte man, wie sehr ungehemmter Ausdruck von Interessen und Aggression das gute Leben beeinträchtigt. Auch Formen sind wichtig für ein gutes Zusammenleben. Für die jüdische Weisheit ist Höflichkeit sogar die Erfüllung der Thora. So sagt ein Midrasch: „So wichtig ist gutes Benehmen, dass es dem Thorawissen gleichzusetzen ist." Man kann über die Thora und ihre Weisheit diskutieren. Aber wo es an Höflichkeit mangelt, ist vom Geist der Thora nicht mehr viel übrig geblieben. Da redet man an ihrer Weisheit vorbei.

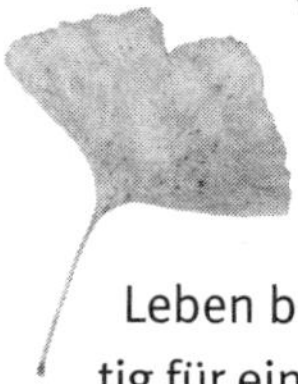

Man kann den Wert der Höflichkeit auch auf der psychologischen Ebene sehen, so wie der französische Philosoph Joseph Joubert: „Höflichkeit verhüllt die Schroffheiten unseres Charakters und verhindert, dass andre dadurch verletzt werden. Man sollte sie niemals ablegen, selbst nicht im Kampf gegen rohe Menschen." Höflichkeit schützt uns also vor der Grobheit des anderen und vor unserer eigenen Härte. Wir brauchen solchen Schutz. Denn den Aggressionen anderer schutzlos ausgesetzt zu sein, überfordert uns. Es würde uns innerlich zerfressen. Höflichkeit ist das Eingeständnis, dass wir alle des Schutzes bedürfen. Sie zeigt noch in der äußeren Form etwas elementar Verbindendes auf.

Den Hass weglächeln

Ein Spruch der Indianer lautet: „Du lächelst, ich lächle, so sind wir beide glücklich, aber tief drunten, im Innern ist Hass zwischen uns. Lass uns nicht zeigen, was wir innen fühlen füreinander. Lächeln wir weiter, bis wir unseren Hass hinweglächeln." Das mag zunächst verwirren. Wir haben heute ein gutes Gespür für Stimmigkeit und Authentizität. Wir sollen uns nicht verstellen. Höflichkeit verstellt sich nicht. Sie weiß um die Verletzbarkeit des Menschen, und sie weiß auch um die Hassgefühle in uns. Um uns und den anderen vor solchen Gefühlen zu schützen, sind wir höflich. Doch wir hoffen, dass die Höflichkeit die Hassgefühle überwindet, dass sie nicht bloße Fassade bleibt, sondern all die Hindernisse eines menschlichen Miteinanders überwindet und uns einmal einander so zulächeln lässt, dass es uns mit der inneren Freude in Berührung bringt und alle negativen Gefühle aus uns vertreibt.

Einsatz für das Leben

Das Wort „kämpfen“ hat heute keinen guten Klang. Zu schnell denken wir an Feinde, die sich gegenseitig bekriegen, an Soldaten, die kämpfen müssen.

Und auch im persönlichen Bereich plädieren wir heute eher für die sanfte Methode, mit sich selbst umzugehen. Harmonie ist gefragt. Wir sollen uns wohl fühlen. Doch wenn wir in die Bibel und in die Schriften der frühen Kirchenväter schauen, ist dort das Wort „Kampf“ oder auch „militia“ (Kriegsdienst) weit verbreitet. Die frühen Mönche waren überzeugt, dass unser Leben nur gelingt, wenn wir den Kampf aufnehmen gegen die Dämonen, gegen Gedanken und Leidenschaften, die uns vom Leben abhalten wollen. Kämpfen heißt dabei nicht, die Leidenschaften zu vernichten, sondern mit ihnen zu ringen, um in diesem Kampf selbst stärker zu werden. Wir sollen im Kampf von den Leidenschaften lernen und die Kraft, die in ihnen steckt, für uns nutzen. Aber die Mönche sind überzeugt: Ohne Kampf wird das Leben nicht gelingen. Ohne Kampf werden wir von unseren Launen und Stimmungen bestimmt, oder von den Strömungen der Gesellschaft hin und hergeworfen. Nur wer den Kampf aufnimmt gegen alles, was ihn am Leben hindert, wird das Leben erlangen.

Wer kämpft, der weiß auch, dass er verwundet werden kann. Ich habe einen jungen Mann getroffen, der nie gekämpft hat. Sobald es in der Schule oder später in der Lehre schwierig wurde, hat er abgebrochen und ist der Anstrengung ausgewichen. Seine Mutter hat ihm alle Steine aus dem Weg geräumt. Doch nun mit 25 Jahren musste er feststellen, dass das Leben an ihm vorbei geht. Weil er Angst hatte, verletzt zu werden, hat er nie gekämpft. Ich stellte ihn vor die Alternative: Entweder immer im Nest sitzen zu bleiben und dem Leben von außen zuzusehen und sich zu beklagen, dass es an ihm vorüber geht. Oder aber den Kampf zu wagen, auch wenn er dabei verletzt wird.

Der eigentliche Kampf hat immer das Leben als Ziel. Wir kämpfen für das Leben. Weil heute so wenig Menschen bereit sind, für die gute Sache zu kämpfen, kann sich das Böse immer mehr ausbreiten. Unsere Welt braucht den Kampf für das Gute. Es genügt nicht, nur vom Guten überzeugt zu sein. Wir müssen auch unsere ganze Kraft einsetzen, für das Gute und für die Menschen zu kämpfen. Unsere Gesellschaft braucht solche kämpferischen Menschen, keine militanten Leute, die immer gegen etwas kämpfen müssen, sondern Menschen, die sich für die Menschen einsetzen, die für das Leben kämpfen.

Lernt von der Schnecke

„Die Entdeckung der Langsamkeit“ von Stan Nadolny ist binnen kurzer Zeit zum Kultbuch geworden. Gegenüber einer immer größeren Beschleunigung setzt er auf die Langsamkeit als Gegenkraft. Der langsame Mensch – so glaubt man – hat mehr vom Leben. Und so sieht es auch Günter Grass, wenn er schreibt: „Werdet gesättigt, nicht satt. Lernt von der Schnecke, nehmt Zeit mit.“ Wer die Langsamkeit übt, der erfährt die Zeit nicht als Gegner, den er möglichst gut beherrschen muss, indem er sie gut managt. Er erlebt die Zeit als Geschenk. Er kann sie genießen. Aber wer die Langsamkeit absolut setzt, wird nicht mehr mitkommen mit der Zeit. Und wird seinen Arbeitsplatz verlieren. Schließlich braucht es beides: die Langsamkeit – die Verlangsamung der Zeit etwa in der Stille, in der Meditation, in der Liturgie, im persönlichen Umgang miteinander – und zugleich die Zeit, in der die Arbeit schnell geschieht, in der sie einfach aus mir herausströmt, rasch und effektiv. Die Spannung zwischen der lang-

sam und der schnell vergehenden Zeit hält uns lebendig und im inneren Gleichgewicht. Wenn wir einen Pol absolut setzen, geraten wir entweder unter ständigen Zeitdruck (bei der Beschleunigung), oder wir verlieren die innere Spannung (bei der Verlangsamung).

Je hektischer, desto langsamer

„Wären wir ruhiger, langsamer, so ginge es uns besser, ginge es schneller mit unseren Angelegenheiten voran." Robert Walser, der Dichter der leisen Töne, der sich schließlich aus der Welt zurückzog und seine letzten Lebensjahre in einer psychiatrischen Anstalt verbrachte, hat die Krankhaftigkeit unserer Alltagswelt scharfsinnig beobachtet:
Je hektischer wir etwas angehen, desto langsamer finden wir die Lösung. Um ein Problem wirklich lösen zu können, braucht es inneren Abstand. Nur wer in sich ruht, ist kreativ genug, um etwas Neues in Gang zu bringen. Wer hektisch nur um die Probleme kreist, der wird betriebsblind. Vor lauter Kreisen verrennt er sich und sieht keinen Ausgang. Wer sich dagegen in aller Gelassenheit zurücklehnt und von einem inneren Abstand her die Dinge betrachtet, der kann wirksamer eingreifen. Wir wollen alles immer schneller machen. Und müssen doch immer wieder lernen: Wir brauchen innere Ruhe, um von unserer kreativen Mitte aus die Dinge gelassen anzugehen.

Reine Gegenwart

„Die meisten Menschen hasten so sehr nach Genuss, dass sie an ihm vorbeirennen," diagnostiziert Søren Kierkegaard und beschreibt so die Beschleunigung, die ins Leere führt. Es gibt eine Schnelligkeit, die uns am guten Leben hindert. In ihr verlieren wir die Fähigkeit, im Augenblick zu sein und das zu genießen, was wir gerade erleben. In Kursen übe ich mit den Teilnehmern manchmal bewusst die Langsamkeit ein. Ich lasse die Menschen in der Gebärde der Schale ganz langsam durch den Raum gehen. Sie sollen sich vorstellen, dass sie in ihrer Schale etwas Kostbares tragen, das sie nicht verschütten möchten. Und so gehen sie langsam vor sich her und erleben erst das Geheimnis, ganz im Augenblick. Diese einfache Übung wird für viele zu einer Erfahrung der reinen Gegenwart. Und wenn sie ganz im Augenblick sind, erleben sie das Leben in seiner ganzen Intensität. Sie erleben, dass ihr Leben gut ist.

Eintauchen in andere Welten

Lesen ist keine Tugend. Und doch gehört es zu einem guten Leben. Im Lesen tauche ich ein in eine andere Welt. Für viele ist das Lesen ein Rückzugsort: Da stört sie niemand, da erleben sie eine Welt, die ihnen gut tut. Es ist nicht die Welt des Nutzens

und der Zweckbestimmtheit, sondern eine Welt, in der die Seele beflügelt wird und in der sie Nahrung findet. Im Lesen begegne ich anderen Menschen, dem Autor mit seinen Gedanken und Gefühlen, aber auch vielen anderen, von denen er schreibt. Und im Lesen begegne ich mir selbst: Indem ich lese, verstehe ich mein eigenes Leben besser. Und ich sehe es in einem größeren Kontext. Das deutsche Wort „lesen“ geht auf eine Wurzel zurück, die „zusammentragen, sammeln, verstreut Umherliegendes aufnehmen“ bedeutet. Wir lesen nicht nur Bücher, sondern auch die Ähren oder Trauben bei der Ernte. Im Lesen sammle ich die verschiedenen Aspekte menschlichen Lebens. Es ist wie eine Ernte. Ich ernte die Gedanken anderer

Menschen und früherer Zeiten, um mich davon zu nähren. Wer viel liest, wird belesen. Er kennt sich aus im Leben. Er ist gebildet, weil er sich mit anderen Erfahrungen konfrontiert.

Das Lesen selbst ist schon ein heilsamer Akt. Hier tauchen wir in eine andere Welt ein. Und die befreit uns von der oft bedrängenden und bedrohlichen Welt um uns herum. Sie relativiert das, was uns sonst umgibt an Härte, Enge und Unbarmherzigkeit. Lesend komme ich auch mit mir in Berührung, und das ist schon ein großer Wert, selbst wenn ich nicht viel von dem behalte, was ich gelesen habe. Im Augenblick des Lesens jedoch bin ich ein anderer. Da bin ich mir selbst näher als sonst. Und je öfter ich mir nahe komme, desto besser gelingt mein Leben.

Bücher sind Freunde

Eine jüdische Weisheit sagt: „Mach deine Bücher zu deinen Freunden." Wenn es mir schlecht geht, nehme ich ein Buch, das mir einmal Trost gespendet hat. Es wird mir dann zum Freund, der mir einen größeren Horizont erschließt, vor dem ich meinen Kummer anders betrachten kann. Ein orientalisches Sprichwort sieht es ähnlich: „Ein Zimmer ohne Bücher ist wie ein Haus ohne Fenster." In einem fensterlosen Haus ist es ungemütlich. Bücher bringen Licht in unser Leben. Und sie eröffnen uns eine weite Sicht. Wer durch das Fenster in die Weite schaut, dem wird sein Haus nie zu eng. Vielmehr ist es ihm mitten in der Unendlichkeit der Welt eine Herberge, in der er sich bergen mag, aber nicht verbergen muss: In einem Haus mit vielen Fenstern lebt man in der Spannung zwischen Enge und Weite, zwischen Ferne und Nähe, zwischen Geborgenheit und Fernweh. Beim Lesen gehen wir auf Reisen, ohne auch nur einen Fuß vor die Tür zu setzen. Wir werden erfahren, indem wir vielen Menschen und ihren Auffassungen vom Leben begegnen.

Ein Buch, das Wunder wirkt

Ingeborg Bachmann schreibt in „Malina“ von ihrer eigenen Sehnsucht nach einem Buch, das das Wunderbare der Welt einfängt, einem Buch voller Licht und Lust am Leben. Sie möchte dieses Buch selber verfassen, besser gesagt, sie will die Worte dieses Buches finden. Offensichtlich spricht die Dichterin von ihrer eigenen Dichtkunst. Ihr Ziel war es, ein Buch zu schreiben, das den Menschen die Augen öffnet und ihnen neue Freude am Leben schenkt: „Ein Brausen fängt an in meinem Kopf und dann ein Leuchten, einige Silben flimmern schon auf, und aus allen Satzschachteln fliegen bunte Kommas, und die Punkte, die einmal schwarz waren, schweben aufgeblasen zu Luftballons an meine Hirndecke, denn in dem Buch, das herrlich ist und das ich also zu finden anfange, wird alles sein wie ein Exsultate Jubilate ... Hört nur, hört! Schaut nur, schaut! Ich habe etwas Wunderbares gelesen, darf ich es euch vorlesen, kommt näher alle, es ist zu wunderbar!“

Wir meinen, Bücher seien dazu da, unser Wissen zu vermehren. Ingeborg Bachmann hält etwas anderes dagegen: Das Buch, nach dem sie sich sehnt, würde allein durch das Lesen schon die Menschen zum Staunen führen über das Wunderbare, das da steht. Das Buch wirkt Wunder für den, der es liest. Es verzaubert ihn und führt ihn in eine andere Welt, in der er neue Lust am Leben findet: Freude und Dankbarkeit für das Wunderbare, das in dem Buch steht und das er durch das Buch in sich selbst wieder entdeckt.

Berührt und verzaubert

In jedem von uns steckt die Sehnsucht, zu lieben und geliebt zu werden. Jeder ist schon von der Liebe berührt und verzaubert worden. Doch haben viele

auch Verletzungen erlebt, weil ihre Liebe nicht erwidert wurde oder weil sich in die Liebe Aggression und Kälte mischten. Ich möchte mich nur auf ein paar Weisheitssätze beschränken, die einige Aspekte dieses großen Geheimnisses erahnen lassen. Elie Wiesel, der das KZ überlebt hat, meint: „Das Gegenteil von Liebe ist nicht Hass, sondern Gleichgültigkeit." Hass ist oft die Reaktion auf eine unerwiderte Liebe. Ich hasse nur einen Menschen, der mir wichtig ist. Hass ist ein genauso heftiges Gefühl wie die Liebe – und er kann auch wieder in Liebe verwandelt werden. Das eigentliche Gegenteil der Liebe ist die Gleichgültigkeit: Da verschließe ich mich, lasse niemanden an mich heran, bin kalt und unempfindlich. Ich wehre jede Liebe ab und weigere mich, einen anderen zu lieben. Der gleichgültige Mensch wird innerlich arm und leer.

Der Weg zum Glück

Thomas Merton schreibt: „Liebe lässt sich nur bewahren, indem man sie verschenkt. Ein Glück, das wir für uns allein suchen, ist nirgends zu finden, denn ein Glück, das sich verringert, wenn wir es mit anderen teilen, ist nicht groß genug, um uns glücklich zu machen." Viele suchen in der Liebe das Glück. Sie sind glücklich, wenn sie sich geliebt fühlen. Doch die Liebe lässt sich nicht festhalten. Sie wird nur in mir fließen, wenn ich sie weiterverschenke, und zwar nicht nur dem, der mich liebt, sondern auch anderen Menschen. Sonst würde sie zu einem Egoismus zu zweit, zu einer Symbiose, die das Leben irgendwann ersticken lässt. Liebe, die mit vielen geteilt wird, ist der Weg zum Glück. Für mich ist es ein schönes Bild, dass ein Glück, das nicht mit anderen geteilt werden kann, zu klein ist, um uns wirklich glücklich machen zu können. Die Liebe setzt das weite Herz voraus. Und auch Glück atmet nicht Enge, sondern Weite und Freiheit. Ein Glück, das ich mit meiner Hand festhalten will, entgleitet mir. Glück will geteilt werden. Nur so wird es bleiben.

Zeiten der Liebe

„Ein Herz, welches liebt, ist immer jung“, sagt ein griechisches Sprichwort. Alte Menschen, von denen Liebe ausströmt, machen auf uns den Eindruck von Lebendigkeit und Frische. Liebe hält jung. Aber lieben kann ich nicht in der Hektik des Alltags. Liebe braucht Zeit. Sie will gespürt werden. Wenn zwei Liebende auseinander gehen, stürzen sie sich nicht gleich in hektische Aktivitäten. Sie brauchen Zeit, der Liebe nachzuspüren, sie in ihrem Herzen zu verkosten. Christa Wolf schreibt: „Müßiggang ist aller Liebe Anfang.“ Damit korrigiert sie das biblische Wort vom Müßiggang als aller Laster Anfang. Natürlich versteht sie unter Müßiggang etwas anderes als die Bibel. Sie kommt damit dem römischen Ideal der Muße nahe: „Otium“, das war für die Römer das höchste Gut. Sie fanden für Arbeit kein passendes Wort, nur die Verneinung von otium, „negotium“, oder aber „labor“ für „Mühe, Plage“. Die Muße ist der Raum des Aufatmens, der Freiheit. Dort kann die Liebe gedeihen.

Ein fröhliches Herz

Mutter Teresa hat die Herzen vieler Menschen auf der ganzen Welt berührt. Viele haben sich gefragt: Woher nimmt diese kleine Frau ihre Kraft, ihre Begeisterung und ihre Fröhlichkeit angesichts des Leidens, dem sie täglich so hautnah begegnet? Sie selber hat ihre Antwort gegeben: „Ein fröhliches Herz entsteht normalerweise nur aus einem Herzen, das vor Liebe brennt." Weil ihr Herz vor Liebe brannte, war es immer fröhlich. Liebe ist nicht zuerst ein moralisches Postulat. Wenn wir uns zwingen, zu lieben, fühlen wir uns überfordert. Die Liebe, die von uns Besitz ergreift, lässt das Herz brennen. Sie ist eine göttliche Kraft, ein Feuer, das uns wärmt und uns entzündet. Liebe und Freude haben eines gemeinsam: beide öffnen das Herz und beide lassen es weit werden. Und nur in einem weiten Herzen kann Freude einziehen. Denn die Freude braucht immer einen weiten Raum, um sich entfalten zu können.

Amen des Universums

Manchmal spüren wir in uns eine Liebe, die zu allem strömt, was ist. In ihr fühlen wir uns mit allem eins. Novalis hat diese Erfahrung im Blick, wenn er sagt: „Die Liebe ist das Amen des Universums." Die Liebe erfüllt das ganze Universum. Sie strömt uns aus einer schönen Blume entgegen. Sie begegnet uns in der Schönheit der Berge. Johannes vom Kreuz redet die Berge so an: „mein Geliebter". Sie waren für ihn verdichtete Liebe. Amen heißt Bejahung. In der Liebe bejaht sich das Universum selbst. Und in der Liebe sagt das Universum Ja zu uns Menschen. Wer sich der mütterlichen Erde überlässt, indem er sich auf eine blühende Frühlingswiese legt, der fühlt dieses Amen des Universums. Er fühlt sich von Liebe durchdrungen und umgeben. Die Sonne erfüllt ihn mit Liebe, der Wind streichelt liebevoll seine Wangen. Und alles Tönen der Natur macht die Liebe für ihn hörbar.

Worte schaffen Wirklichkeit

Richtig zu loben ist eine Kunst. Es gibt nämlich auch ein Lob, das dem Menschen nicht gut tut. So sagt der jüdische Philosoph und Dichter Schlomo Ibn Gewirol: „Misstraue einem Menschen, der dir Gutes über dich erzählt, das gar nicht in dir ist." Wenn das Lob zum Selbstzweck wird oder wenn der andere mir mit seinem Lob nur schmeicheln will, dann tut es mir nicht gut. Wenn jemand in mir etwas lobt, das ich gar nicht wahrnehme, dann verfolgt er damit andere Zwecke. Sein Lob möchte mich vereinnahmen.

In der deutschen Sprache ist Loben mit Lieben verwandt. „Liob" ist die gemeinsame Wurzel. Und noch ein drittes Wort wird davon abgeleitet: glauben. Glauben heißt: das Gute im Menschen sehen. Das Lob benennt das Gute und spricht darüber. In der Liebe gehe ich gut mit dem anderen um, ich behandle das Gute, das ich im anderen sehe, in guter Weise. Und Lob ist letztlich Liebe in Worten ausgedrückt. Indem ich das Gute benenne, wird es stärker. Wenn ich einen Menschen lobe und das Gute anspreche, das ich in ihm sehe, ermögliche ich ihm, selbst daran zu glauben. Loben setzt das Gute, das es ausspricht, und lässt es wirklich werden. Worte schaffen Wirklichkeit. Wo gelobt wird, fühlen wir uns besser als dort, wo nur geschimpft wird. Der amerikanische Literatur-Nobelpreisträger Sinclair Lewis meinte einmal, der Snob würde an allem herumkritisieren, Loben hingegen sei hörbar gewordene Gesundheit. Ein Mensch, der Gott lobt für sein Leben, lässt die Menschen um sich herum seine Gesundheit spüren. Und es geht etwas Gesundmachendes von ihm aus. Gutes auszusprechen tut Leib und Seele gut.

Höre weder auf Lob noch auf Tadel

Makarios, Mönchsvater des vierten Jahrhunderts, schickt einen jungen Mann, der nach einem gelungenen Leben strebt, auf den Friedhof. Dort soll er die Toten eine Stunde lang loben und dann eine Stunde lang beschimpfen. Die Toten reagieren natürlich nicht auf Lob und Tadel. Und Makarios zieht daraus den Schluss: „Mach es wie die Toten. Höre weder auf Lob noch auf Tadel. Dann wird dein Leben gelingen." Sobald wir auf das Lob der Menschen aus sind, machen wir uns von ihnen abhängig. Wir leben nicht selbst, sondern werden gelebt. Daher gehört zur Menschwerdung, dass wir uns nicht über Lob und Tadel definieren, sondern von Gott her. Nur wer auf Gott sein Haus baut, wird mit Lob und Tadel richtig umgehen.

Ibn Ata Allah rät, wie wir auf das Lob anderer reagieren sollen: „Die Leute loben dich für etwas, das sie in dir vermuten. Du aber tadle dich selbst, weil du weißt, was du hast." Uns selbst sollen wir nicht loben, sondern eher tadeln, damit wir weiter an uns arbeiten und uns nicht über andere erheben.

„Der Fremde soll dich loben, aber nicht dein eigener Mund." (Spr. 24, 2) Und der Babylonische Talmud sagt uns, wie – und wann – wir selbst den anderen loben sollen: „Ein klein wenig Lob darf man dem Menschen ins Gesicht sagen – das ganze Lob aber nur in seiner Abwesenheit."

Abschied tut weh

Jeder Abschied tut weh. Abschied hat mit Scheiden, mit Trennen und Entfernen zu tun. Wenn mir jemand vertraut geworden ist, möchte ich weiterhin in Beziehung zu ihm bleiben. Aber ich muss ihn loslassen. Es ist sein Weg, den er geht. Ich darf ihn auf diesem Weg nicht aufhalten. Das gilt für Eltern und ihre Beziehung zu ihren Kindern. Das gilt in besonders schmerzlicher Weise für den Fall, dass Menschen sterben, die wir lieben oder die wir im Sterben begleitet haben. Abschiednehmen ist eine Kunst, die man ein Leben lang lernen muss. Es gibt viele Hindernisse in uns, die es erschweren: eigene Ängste, Verlassenheitserfahrungen in der Kindheit, die Angst vor der eigenen Einsamkeit. In jedem Abschied werden andere Abschiede gegenwärtig. Abschiednehmen gehört zum Leben. Es kann nur Neues wachsen, wenn ich von Altem Abschied genommen habe. Wer an allem festhält, was ihm einmal wichtig geworden ist, der wird unter der Last des Festgehaltenen zusammenbrechen. Er wird seinen inneren und äußeren Weg nicht fortsetzen können.

Die Mutter aller Tugenden

Schon die Griechen rechneten das rechte Maß zu den vier Kardinaltugenden. Von diesen Tugenden hängt es ab, ob das menschliche Leben gelingt. Wer ständig sein Maß überschreitet, wird bald erfahren, wie sich seine Seele oder auch sein Leib rächt: Er wird krank oder aber unzufrieden und hart. Schon der Babylonische Talmud weiß: „Wer gemächlich isst, dessen Tage und Jahre währen lange."

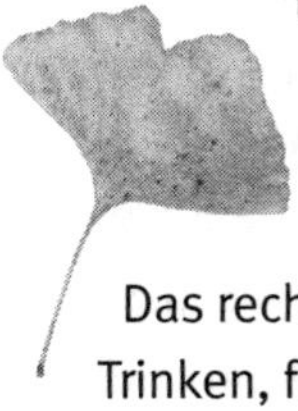

Das rechte Maß gilt für alles, für das Essen und Trinken, für das Arbeiten und Ausruhen, für das Genießen und die Anstrengung. Der Mensch hat immer zwei Pole: Liebe und Aggression, Tätigkeit und Muße, sich fordern und sich etwas gönnen. Er muss das richtige Gleichgewicht zwischen diesen beiden Polen finden. Schon die frühen Mönche sagen: „Alles Übermaß ist von den Dämonen."

Der hl. Benedikt kennt in seiner Regeln einen Maßstab, den er dem Abt ans Herz legt: „Bei Anordnungen sei er weitsichtig und besonnen. Ob sein

Arbeitsauftrag, den er erteilt, Göttliches oder Weltliches betrifft, wisse er zu unterscheiden und Maß zu halten. Er denke an die Unterscheidungsgabe des heiligen Jakob, der sprach: „Wenn ich meine Herden unterwegs überanstrenge, gehen alle an einem einzigen Tag zugrunde." (Gen 33,13) Dieses und andere Zeugnisse für die Unterscheidungsgabe – die Mutter der Tugenden! – nehme er sich vor; so ordne er alles mit Maß, damit die Starken finden, was sie suchen, und die Schwachen nicht weglaufen." (RB 64,17–19)

Auch heute gilt: Wer nur fastet, der richtet sich zugrunde. Wer nur genießt, der verliert bald die Fähigkeit zu echtem Genuss. Das Gleichgewicht ist nie statisch. Es ist vielmehr ein Fließgleichgewicht, das immer neu gefunden werden muss.

Das ist des Menschen Glanz

Gutes Leben ist immer maßvolles Leben. Und es ist nicht selbstverständlich, sein Maß zu finden. Denn, so sagt der griechische Philosoph Aristoteles: „Die Natur des Begehrens ist unbegrenzt und die große Menge lebt nur, um es zu sättigen." Wir haben in uns die Tendenz, alles maßlos zu betreiben. Wer vom Sport fasziniert ist, gerät in Gefahr, ihn ohne Maß zu praktizieren. Wem das Essen gut schmeckt, der möchte immer mehr. Geld und Besitz haben die Tendenz, in uns eine maßlose Gier danach zu entfachen. Und auch in der Selbsteinschätzung finden wir oft nicht das rechte Maß: Wir haben hohe Idealbilder von uns entwickelt und möchten nicht wahrhaben, dass unsere Realität diese Ideale nicht erreicht. Es ist schmerzlich, auch in der Selbsteinschätzung das rechte Maß zu wahren. Doch wir machen die Erfahrung, dass uns maßvolle Menschen anziehen. Wer hingegen das rechte Maß verloren hat, mit dem er sich selbst misst, macht auf uns einen eher peinlichen Eindruck. Er überschätzt sich selbst. Er meint, er würde mehr als alle anderen arbeiten. Doch wenn wir sein Maß prüfen, ist es eher bescheiden. Auf solche Menschen kann man sich nicht gut verlassen. Abbas Poimen, Mönchsvater aus dem vierten Jahrhundert, sagt: „Es ist wie eine große Ehre, dass der Mensch sein Maß kennt." Das macht den Glanz des Menschen aus, dass er sein Maß kennt und so lebt, wie es seinem Maß entspricht.

Kein Maß hat die Liebe

Wenn wir anderen etwas geben, sollen wir jedoch unser Maß nicht zu klein berechnen. So fordert uns Jesus im Lukasevangelium auf: „Gebt, dann wird auch euch gegeben werden. In reichem, vollem, gehäuftem, überfließenden Maß wird man euch beschenken; denn nach dem Maß, mit dem ihr messt und zuteilt, wird auch euch zugeteilt werden."
(Lk 6, 38)

Ulrike Nisch, eine ganz einfache Frau, die Ende des letzten Jahrhunderts selig gesprochen wurde, hatte in ihrem Leben den Grundsatz: „Kein Maß hat die Liebe." Wenn unsere Liebe aus der Quelle der göttlichen Liebe strömt, dann kennt sie kein Maß. Denn die göttliche Quelle ist ohne Maß. Eine solche Liebe überfordert uns nicht. Und wir werden selbst – so zeigt es uns Jesus – auch mit einem reichen, überfließenden Maß beschenkt werden.

Voraussetzung des Glücks

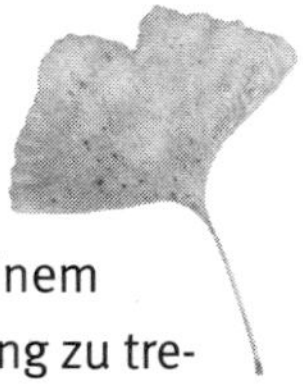

Mit dem anderen Menschen mitfühlen und mitleiden, macht die Würde des Menschen aus. Mitleid ist ein Weg echter Menschlichkeit. Der buddhistische Lehrer Thich Nhat Hanh sagt: „Mitgefühl ist die einzige Energie, die uns helfen kann, mit einem anderen Menschen wirklich in Verbindung zu treten. Ein Mensch, der kein Mitgefühl in sich trägt, kann niemals wirklich glücklich sein.“ Mitgefühl hebt die Isolierung der Menschen auf, schafft wirkliche Beziehung und adelt den, der es übt. Es ist die Bedingung, wirklich glücklich zu sein. Das klingt paradox: Denn wer mit dem anderen leidet, der fühlt dessen Schmerzen; der verlässt seine innere Ruhe, um beim anderen zu sein, um mit ihm zu fühlen. Das tut oft weh und wühlt einen tief auf. Dennoch – meint Thich Nhat Hanh – ist Mitfühlen die Voraussetzung des Glücks. Denn solange ich mich vor dem anderen verschließe, muss ich mein Glück in mir verschließen. Dann aber löst es sich in Nichts auf.

Mitgefühl und Weisheit

Dass Mitgefühl und Weisheit zusammengehören, ist keine nur buddhistische Einsicht. Die frühen Mönchsväter fordern ihre Schüler immer wieder auf, andere nicht zu verurteilen. Wenn jemand gesündigt hat, so soll man sich vielmehr sagen: „Wie dieser besiegt worden ist, so werde ich auch in gleicher Weise besiegt werden." Weiter heißt es: „Und weine und suche nach der Hilfe Gottes und leide mit dem, der trotz Gottes leidet, denn keiner will gegen Gott sündigen, sondern wir alle lassen uns missbrauchen." Wenn ich mit dem anderen fühle, dann verstehe ich ihn. Ich erkenne in seiner Sünde meine eigene. Ich werde mich nicht über ihn erheben oder ihn gar verurteilen. Wer ständig die Fehler und Schwächen anderer ausspioniert, erhebt sich über die anderen. Er fühlt sich nur gut, wenn er sich über die Fehler anderer entrüsten kann. Die Klatschpresse lebt von dieser heute so weit verbreiteten Tendenz. Doch solches Ausspionieren der Schwächen anderer führt zur Unmenschlichkeit. Echte Humanität entsteht nur, wenn wir, statt zu urteilen, mit dem anderen leiden. Denn seine Fehler sind Spiegel für unsere eigenen. Mitleid ist kein Gefühl, mit dem ich mich über den anderen stelle, sondern durch das ich mich in ihn hineinstelle und mit ihm leide, weil sein Leid auch mein eigenes ist. Seine Schwächen sind meine, seine Fehler sind auch in mir. Und sein Schmerz erinnert mich an meine eigenen Schmerzen. Im Mitleid begegne ich nicht nur dem anderen, sondern immer auch mir selbst.

Wie man lieben soll

Ähnlich wie die frühen Mönche schätzen die Chassidim, die frommen Juden, das Mitleid als eine der wichtigsten Tugenden des Menschen. Martin Buber hat uns wunderbare Geschichten aus dem Chassidismus überliefert. In einer dieser Erzählungen sagt Rabbi Mordechai: „Mein Sohn. Wer nicht fünfzig Meilen in der Runde die Schmerzen jeder Gebärenden verspürt, dass er mit ihr leide und für sie bete und ihr Linderung erwirke, verdient nicht, ein Zaddik genannt zu werden." Und in einer anderen Geschichte erzählt Rabbi Mosche Löb: „Wie man die Menschen lieben soll, habe ich von einem Bauern gelernt. Der saß mit anderen Bauern in einer Schenke und trank. Lange schwieg er wie die anderen alle. Als aber sein Herz von Wein bewegt war, sprach er seinen Nachbarn an: ‚Sag du, liebst du mich oder liebst du mich nicht?' Jener antwortete: ‚Ich liebe dich sehr.' Er aber sprach wieder: ‚Du sagst: ich liebe dich, und weißt doch nicht, was mir fehlt. Liebtest du mich in Wahrheit, du würdest es wissen.' Der andre vermochte kein Wort zu erwidern, und auch der Bauer, der gefragt wurde, schwieg wieder wie vorher. Ich aber verstand: Das ist die Liebe zu den Menschen, ihr Bedürfen zu spüren und ihr Leid zu tragen." Echte Liebe hat die Fähigkeiten, mit dem anderen zu fühlen, genau zu spüren, was ihm fehlt, und es gemeinsam mit ihm zu tragen. Diese Erfahrung kommt auch in einem Wort des indischen Weisen Tagore zum Ausdruck: „Derjenige, der Gutes tun will, klopft am Tor; derjenige, der liebt, findet das Tor offen."

Teilhabe an Gottes Sabbat-Ruhe

Griechen und Römer schätzten die Muße hoch. Sie war die Voraussetzung, sich in philosophische Ideen zu vertiefen oder sich der Kontemplation zu widmen. Muße war die freie Zeit, die Gott dem Menschen gab, um über das Geschenk des Lebens nachzudenken. Die christliche Tradition hat die Ideen der griechischen Philosophie mit den Bildern der Bibel verbunden. Da ist einmal das Bild der Sabbatruhe Gottes. Gott ruht am siebten Tag aus. An dieser Sabbatruhe Gottes darf der Mensch teilhaben. Am Sonntag braucht er nicht zu arbeiten, da kann er sich dem Leben widmen. Ein anderes Bild war die Erzählung Jesu von Marta und Maria, den beiden ungleichen Schwestern. Maria hat den Teil der Muße, der Kontemplation, gewählt. Und dieser Teil ist für Jesus der gute Teil. In der Tradition hat man das oft mit „besser" übersetzt.

Der hl. Benedikt warnt jedoch vor Müßiggang. Muße ist etwas Aktives. Ich genieße die Zeit. Ich widme mich der Lesung, dem Gespräch oder der

Meditation. Im Müßiggang weiß ich nicht, was ich tun soll. Er sagt: „Müßiggang ist der Seele Feind.“ (RB 48,1) Einfach herumzuhängen, ohne etwas Sinnvolles zu tun oder ohne die freie Zeit für Lesung oder Meditation zu nutzen, ist für die Seele schädlich. Da verliert die Seele an Spannkraft. Das Sprichwort sagt: „Müßiggang ist aller Laster Anfang.“ Das ist eher moralisch gedacht. Benedikt denkt psychologisch. Der Psyche tut es nicht gut, müßig zu sein. Muße zu pflegen ist eine eigene Kunst. In der Muße genieße ich die freie Zeit. Ich widme mich geistigen Tätigkeiten. Ich lese. Ich denke nach. Ich meditiere. Ich bin ganz im Augenblick. Solche Muße hat etwas Heilendes und Befreiendes. In ihr haben wir teil an der Sabbatruhe Gottes.

„Bleib erschütterbar – und widersteh!“

Die deutsche Sprache kennt viele Worte, die mit „Mut“ enden: Demut, Sanftmut, Langmut, Groß-

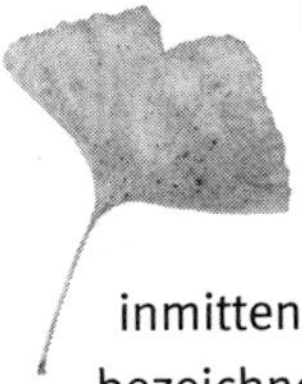

mut, oder Anmut und Übermut. Offensichtlich braucht es immer wieder Mut – Demut –, die eigene Menschlichkeit anzunehmen, sanft zu sein inmitten von aggressiven Menschen. Mut bezeichnet ursprünglich ein heftiges Verlangen, aber auch eine mühevolle Anstrengung. Wer anmutig ist, der erweckt in uns das Verlangen nach ihm. Wir freuen uns an ihm. Mut meint ursprünglich intensive seelische Empfindungen. Er steht für das Innere des Menschen, für sein Gemüt. Wer großmütig ist, der hat ein weites Herz. Aber es braucht offensichtlich auch Mut, sein Herz zu weiten, sich innerlich für andere zu öffnen. Seit dem 16. Jahrhundert hat das Wort Mut eher den Sinn von Tapferkeit angenommen: Mutig ist derjenige, der tapfer für etwas kämpft, der sich nicht von anderen bestimmen lässt, sondern seine innere Haltung durchhält.

In diesem Sinne ist in Peter Rühmkorfs folgendem Gedicht vom Mut die Rede:

„Wer geduckt steht, will auch andre biegen …
Alles, was gefürchtet wird, wird wahr! …
Bleib erschütterbar!
Bleib erschütterbar – und widersteh."

Der Mutige lässt sich von anderen erschüttern: Er ist bereit, sich auf sie einzulassen. Aber mitten in der Erschütterung hat er einen festen Stand. Er spürt, was für ihn und für den anderen stimmt. Und so besteht sein Mut darin, zu widerstehen, gegen Tendenzen zu kämpfen, die dem Menschen schaden, die Leben verhindern. Mut ist die Tapferkeit, das, was man eingesehen hat, auch durchzustehen. Der Mutige hat Stehvermögen, er lässt sich nicht so leicht von seinem Weg abbringen. Aber er ist nicht stur. Er lässt sich immer wieder von Menschen und ihrem Leid erschüttern. Doch er leidet nicht nur mit dem anderen, sondern tritt auch für ihn ein, und wenn er dabei selbst verwundet wird.

Tapferkeit vor dem Freund

Die Schriftstellerin Ingeborg Bachmann spricht einen Mut an, der den meisten besonders schwer fällt: den Mut, auch vor Freunden und Bekannten zu sich selbst zu stehen. Was wir brauchen, so meint sie, ist „Tapferkeit vor dem Freund". Oft trauen wir uns nicht, dem Freund zu widersprechen. Wir haben in uns den Wunsch nach Harmonie. Um die Freundschaft nicht aufs Spiel zu setzen, geben wir eher nach. Und manchmal verbiegen wir uns dabei. Mut aber ist das Gegenteil von jeder Verbiegung. Der Mutige steht. Eine Freundschaft hat nur Bestand, wenn die Freunde zu sich stehen – und auch einmal einander widerstehen. Es braucht die Tapferkeit vor dem Freund. Ich muss den Mut haben, ganz ich selbst zu sein, auch wenn der Freund es in diesem Augenblick nicht versteht.

Nähe und Distanz

„Ein naher Nachbar ist besser als ein ferner Bruder," sagt die Bibel (Spr 27, 10). Der Nachbar ist ursprünglich der Bauer, der nahe bei mir wohnt. Gute Nachbarschaft ist also eine wichtige Voraussetzung für ein gutes Leben. Feindschaft mit dem Nachbarn kann einem das Leben verleiden. Dann dreht sich alles Gespräch nur noch um den Nachbarn: Man beobachtet, was er alles im Schilde führt; dauernd muss man ihn entwerten und beschimpfen. Gute Nachbarn hingegen helfen sich gegenseitig aus. Sie schützen einander. Auch in Kleinigkeiten des Alltags helfen sie einander: Sie passen auf die Wohnung auf, wenn einer in Urlaub fährt, und gießen die Blumen. Von solch selbstverständlicher Nähe spricht das Buch der Sprüche: Der nahe Nachbar ist zur Stelle, wenn ich ihn brauche. Zu ihm kann ich gehen, wenn es mir nicht gut geht oder wenn ich Hilfe nötig habe. In seiner Nähe fühlt man sich daheim.

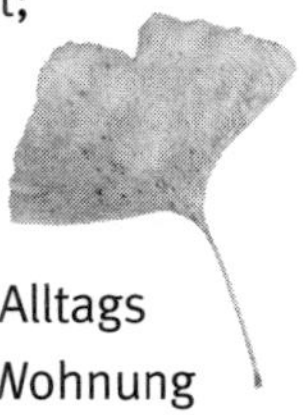

Respektierte Grenzen

Nähe ist nicht einfach. Der Philosoph Arthur Schopenhauer hat das Miteinander der Stachelschweine als Bild für menschliche Beziehungen beschrieben. Sein Bild scheint auf den ersten Blick recht pessimistisch und zeigt auf recht nüchterne Weise doch die Bedingungen für gelingende Nachbarschaft auf: „Eine Gesellschaft von Stachelschweinen drängte sich an einem kalten Wintertage recht nahe zusammen, um, durch die gegenseitige Wärme, sich vor dem Erfrieren zu schützen. Jedoch bald empfanden sie die gegenseitigen Stacheln; welches sie dann wieder voneinander entfernte. Wenn nun das Bedürfnis der Erwärmung sie wieder näher zusammenbrachte, wiederholte sich jenes zweite Übel: so dass sie zwischen beiden Leiden hin- und hergeworfen wurden, bis sie eine mäßige Entfernung voneinander herausgefunden hatten, in der sie es am besten aushalten konnten."

Der Mensch braucht beides: Nähe und Distanz. Wenn ihm innerlich kalt wird, sehnt er sich nach Nähe. Doch zu viel Nähe schafft Aggressionen.

So wie die Stachelschweine ein angemessenes Verhältnis von Nähe und Distanz fanden, so ist es auch an uns, beide Pole ins Gleichgewicht zu bringen. Wenn der Nachbar distanzlos wird, geht er uns auf die Nerven. Wenn er sich einigelt, fühlen wir uns auch nicht wohl. Gute Nachbarschaft lebt von der Respektierung der eigenen und der fremden Grenzen. Das bringt auch ein jüdischer Midrasch zum Ausdruck: „Ein Mensch soll das Haus seines Nächsten nicht betreten, es sei denn, jener sagt zu ihm: ‚Komm herein!‘“

Behutsame Reserven

Die Einsicht wächst, dass alle Vorräte begrenzt sind. Von Nachhaltigkeit als Tugend zu reden ist modern. Es hat sich inzwischen auch herumgesprochen: Firmen, die nachhaltig wirtschaften, schonen nicht nur auf Dauer die materiellen Ressourcen. Sie gehen zudem auch schonend mit den Kräften ihrer Angestellten um. Kurzfristig angelegte Erfolge hingegen entpuppen sich unter dem Gesichtspunkt der Nachhaltigkeit oft als zu teuer. Es gibt Führungspersonen in der Wirtschaft, die für zwei Jahre alle Arbeitsstrukturen verändern und durchaus schnelle Erfolge verbuchen. Aber sobald sie weg sind, wird alles wieder rückgängig gemacht, weil es sich langfristig als untragbar entpuppt hat. Sie haben letztlich viel Geld zum Fenster hinausgeworfen, nur um kurzfristig gut dazustehen.

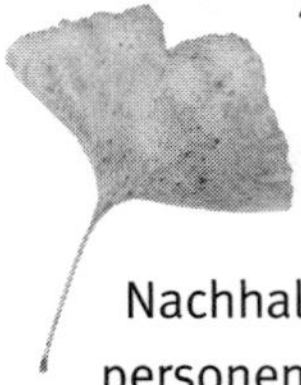

Seelische Rücklagen

Das Prinzip der Nachhaltigkeit gilt auch für unser persönliches Leben. „Nachhalt“ bedeutet: das, was man für Notzeiten zurückbehält. Der Mensch darf sich nicht ein für alle Male verausgaben. Er muss sich stille Reserven aufbauen, aus denen er schöpfen kann, wenn es ihm einmal nicht so gut geht. Solche stille Reserven können sehr beruhigend sein. Und es ist die innere Ruhe, auf die man zurückkommen kann, wenn es neue Energie für das Leben braucht. Es gibt Menschen, die sehr schnell auf neue Ideen anspringen und dann euphorisch ihr ganzes Pulver verschießen. Doch sobald die Euphorie verflogen ist, haben sie keine Kraft mehr, um ihr Leben zu bewältigen. Nachhaltigkeit in der persönlichen Lebensführung braucht einen guten Umgang mit den inneren Ressourcen. C. G. Jung meint, jeder Mensch habe nur einen gewissen Vorrat an seelischen Kräften. Wenn sie zu schnell aufgezehrt werden, dann hat man nichts mehr, woraus man schöpfen kann. Geht man jedoch behutsam mit diesen Ressourcen um, dann wachsen sie immer wieder nach; dann „wirtschaftet" man nachhaltig mit seinen persönlichen Ressourcen. Geben kann immer nur der, der einen Nachhalt, einen Vorrat an innerer Kraft in sich hat. Er hat ihn sich zurückbehalten. So wie der ägyptische Joseph in der Erzählung der Bibel den Vorrat an Getreide für die mageren Jahre zurückbehalten hat, so müssen wir immer etwas an innerer Kraft zurücklegen, damit sie uns zur Verfügung steht, wenn der tägliche Energiebedarf die normale Kraft übersteigt.

Am besten ist Schweigen

Ein indisches Sprichwort sagt: „Kümmere dich nicht allzu sehr um Fehler anderer Menschen, was sie getan und nicht getan. Wie du selber handelst, was du selber unterlässt – das solltest du viel mehr im Auge behalten." Die Menschen sind sich überall gleich. Dementsprechend finden wir ähnliche Weisungen in allen Kulturen. Auch bei den christlichen Wüstenvätern des vierten Jahrhunderts gibt es vergleichbare Einsichten und Ratschläge. Ein Altvater pflegte zu sagen: „Ein Mönch soll nie zu wissen verlangen, wie dieser oder jener beschaffen sei: Solche Nachforschungen halten ihn nur vom Gebete ab und führen zu Ehrabschneidungen und Schwätzereien: Daher ist es am besten, ganz zu schweigen."

Menschen können nur dann auf Dauer zusammenleben, wenn sie nachsichtig miteinander sind. Wenn einer dem anderen jeden Fehler vorwirft, wenn einer den anderen ausspioniert, um seine Schwachstellen zu entdecken, dann wir das Miteinander unmenschlich.

Demut hat keine Zunge

Wenn wir über andere reden, mischt sich sofort unser Urteilen und die Neugier ein, von seinen Fehlern zu hören. Daher fordern die alten Mönche vor allem Demut. Dazu gehört, nachsichtig mit anderen zu sein und niemanden zu richten: „Abbas Isaias sagte von der Demut, dass sie keine Zunge habe, um von jemandem zu sagen, er sei nachlässig, oder von einem anderen, er sei verächtlich. Sie hat keine Augen, um die Fehler des anderen zu sehen, noch Ohren, um für die Seele schädliche Dinge zu hören." Anstatt sich über die Fehler der anderen zu ereifern, sahen die Mönche in ihnen einen Spiegel für die eigene Seele: So wie ein anderer in Sünde gefallen war, so könnten sie es jeden Augenblick auch tun. Abbas Agathon hatte daher die Gewohnheit, sobald er einen Bruder einen Fehler begehen sah, zu sagen: „Agathon pass auf, dass du nicht diese Sünde begehst." Das hielt ihn davon ab, einen Bruder zu tadeln. Nachsicht ist die Mutter des guten Zusammenlebens ebenso wie der eigenen Reife.

Heilung für die Seele

Ordnung ist das halbe Leben, sagen wir manchmal. Dahinter steckt eine tiefe Weisheit: Im Mittelalter war „ordo“ ein wichtiger Begriff. Man war überzeugt: Wenn alles seine rechte Ordnung hat, dann entspricht das dem Willen Gottes. Denn er hat alle Dinge wohl geordnet. Für den hl. Benedikt ist die Ordnung daher auch ein spiritueller Wert. Er ordnet in seiner Regel alles – die Arbeit, das Gebet, das Miteinander, den Tagesablauf, die Art und Weise mit dem anderen umzugehen. Durch die äußere Ordnung soll der Mensch innerlich in Ordnung kommen. Ich selber erlebe immer wieder, dass gerade für Menschen, die depressiv veranlagt sind, eine äußere Ordnung heilsam sein kann. Wenn die Seele schon nicht in Ordnung ist, so soll wenigstens der Tag geordnet ablaufen. Das gibt dem depressiven Menschen Halt. Wer sich einer äußeren Ordnung unterwirft, bringt damit auch Ordnung in seine Launen und Stimmungen. Er schiebt der Wankelmütigkeit seines Herzens

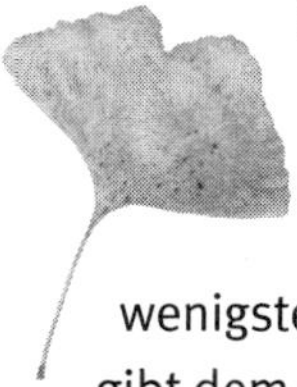

einen Riegel vor, der es aber nicht verschließt, sondern einen Raum eröffnet und schützt, in dem das Herz heil werden kann. Die Ordnung ist ein Heilungsfaktor. Eine sinnvolle Ordnung spart Energie, und sie macht frei für das Wesentliche. Sie bewahrt den Menschen davor, in die Formlosigkeit menschlicher Unreife zurückzufallen. Sie gibt ihm klare Strukturen und bringt den Prozess des Reifens voran.

Geordnete Verhältnisse

Immer wieder erlebe ich Menschen, die ihr Leben nicht geregelt bekommen: Sie haben keine Ordnung in ihrer Zeitplanung, ihre Wohnung sieht chaotisch aus. Ihre finanziellen Verhältnisse sind unklar. Sie vergessen einzukaufen. Wenn sie essen wollen, stellen sie fest, dass sie nichts Passendes da haben. Inneres und Äußeres hängen zusammen. Äußere Unordnung lässt meist auf eine innere Unordnung schließen. Wir müssen die äußeren Dinge ordnen, damit die Seele in Ordnung kommen kann. Das gilt auch für scheinbar so banale Dinge wie den Umgang mit dem Geld. Eine Weisheit besagt: „Ordnung in den Ausgaben – das ist schon das halbe Einkommen." Für viele ist Geld etwas rein Weltliches. Doch wenn sie in ihrer Spiritualität ihre Beziehung zum Geld nicht anschauen, geht ihr geistlicher Weg am Leben vorbei. Und vor allem werden sie dann irgendwann in der Schuldenfalle sitzen. Die Ordnung beim Geld fängt bei den Ausgaben an. Wenn ich da Ordnung schaffe, kann ich in Ruhe und innerlich geordnet meinen Tag leben. Ordnung ist das halbe Leben.

Was dem Leben dient

Das Wort „Pflicht“ steht heute nicht hoch im Kurs. Pflichtbewusstsein steht für Biedersinn und starre preußische Tugendhaftigkeit. Es ist außerdem

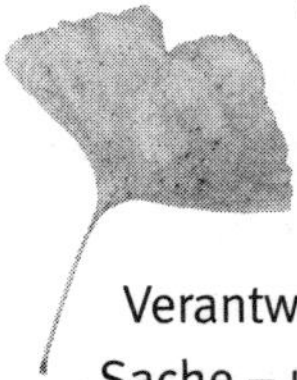

eine Tugend, die das Dritte Reich missbraucht hat: Nazischergen beriefen sich auf die „Pflicht“, die sie erfüllt haben. Heute spricht man lieber von Verantwortungsbewusstsein. Dabei hat die Sache – und das Wort von seinem Ursprung her – gar nichts Martialisches oder Hartes an sich. Pflicht kommt eigentlich von „pflegen“. Und die ursprüngliche Bedeutung von pflegen ist: für etwas einstehen, sich für etwas einsetzen. Daraus entwickelten sich zwei andere Bedeutungen: sorgen für, betreuen, hegen auf der einen Seite; sich mit etwas abgeben, etwas gewohnt sein auf der anderen. Wenn ich Pflicht als „Sorge für etwas“ verstehe, als „etwas hegen und pflegen“, dann hat sie auf einmal wieder eine positive Bedeutung. In der Pflicht sorge ich dafür, dass das Leben gelingt, dass das, was notwendig ist, erledigt wird. Das dient dem

Leben. Aber auch die andere Bedeutung von Pflicht dient dem Leben: Ich gebe mich mit etwas anderem ab. Ich lasse mich auf etwas ein. Ich gebe das Kreisen um mich selbst auf und lasse mich herausfordern von dem, was ansteht und was erledigt werden muss. Ohne eine solche aktiv lebensfördernde Haltung kann keine Gesellschaft überleben.

Weisheit zum Stolpern

Der Philosoph und Aufklärer Moses Mendelssohn hat einen Satz gesagt, über den ich gestolpert bin: „Solange wir die auferlegten Pflichten nicht erfüllt haben, können wir nicht glücklich sein." Als ich diesen Satz las, ärgerte er mich zuerst. Doch als ich mich näher mit ihm beschäftigte, ging mir seine Weisheit auf. Heute wollen viele Menschen glücklich sein. Sie suchen irgendwo draußen das Glück. Aber manchmal gehen sie vor lauter Glücksuche dem Leben aus dem Weg. Dann aber werden die unerledigten Dinge sie davon abhalten, inneren Frieden zu finden. Das Leben hat seine Pflichten: den Haushalt besorgen, die nötige Arbeit tun, für die Familie sorgen. Nur wer sich diesen Pflichten stellt, ohne dass er sie als Zumutung empfindet, der wird zufrieden und kann so etwas wie Glück erleben. Die Pflichterfüllung allein macht noch nicht glücklich. Aber sie kann eine Voraussetzung dafür sein, dass sich dann irgendwann Glück einstellen wird.

Viele Augen sehen mehr

Das Wort „raten“ hat verschiedene Bedeutungen: sich etwas überlegen, ersinnen, Vorsorge treffen, vorschlagen, empfehlen sowie erraten, deuten. In schwierigen Situationen sagen wir: „Da ist guter Rat teuer.“ Rat ist wie eine Wegweisung, ein Gedanke, der einen Knoten löst, eine Hilfestellung, die man dem anderen gibt, wenn er ratlos geworden ist.

Ratschläge sind heute eher verpönt: Der Therapeut soll keine Ratschläge erteilen – sie seien wie Schläge, die dem anderen nicht gut tun. Ursprünglich kommt „Ratschlagen“ von „Beraten“: Wenn wir beratschlagen, dann überlegen wir uns gemeinsam einen Weg. In der Weisheit der Völker wurde der Rat immer hochgehalten. Die orientalische Weisheit etwa sagt vom Rat: „Auch das beste Pferd braucht einen Zaun, und auch der Klügste soll um Rat fragen.“ Es gehört also Demut dazu, um Rat zu fragen. Wer um Rat fragt, der wird weiser. Er muss den Ratschlag ja nicht befolgen; aber den Rat eines anderen zu hören, erweitert den eigenen Horizont. Und manchmal entdeckt er andere Wege, die er bisher nicht gesehen hat. Den Rat eines anderen soll ich immer ernst nehmen und bedenken. Dabei geht es nie darum, ihn sklavisch zu befolgen: Die Entscheidung, welchen Weg ich gehe, muss ich immer selbst treffen. Doch der Weise erbittet den Rat. Er weiß, dass viele Augen mehr sehen.

Guter Rat ist eine Stütze

„Es ist leichter, dem anderen zu raten, als sich selbst." Rabbi Nachman von Bratzlaw hat diese Erfahrung formuliert. Oft sind wir so in unsere Probleme verstrickt, dass wir blind sind für Lösungswege. Bei einem anderen haben wir mehr Abstand und können oft klarer sehen. Ich erlebe viele Seelsorger und Therapeuten, die dem anderen sehr gut raten können, was ihm helfen könnte. Nur sich selbst können sie nicht helfen. Sie wissen zwar auch, was für sie selbst gut wäre. Aber sie schaffen es nicht, den eigenen Ratschlägen zu folgen. Ihre Lebensmuster hindern sie daran, das zu tun, was sie anderen in der gleichen Situation raten würden. Aber es hilft ihnen, von einem anderen Menschen einen Rat zu bekommen. Der Rat des anderen ist wie eine Stütze, die dabei hilft, den eigenen Weg zu gehen, oder wie eine Erlaubnis, die eigenen Überlegungen ernst zu nehmen gegen alle Widerstände, gegen alles, was gegen sie zu sprechen scheint.

Höre auf die, die dich lieben

„Höre auf den Rat derer, die dich lieben, auch wenn du ihn nur schwer einsehen kannst." (Jüdische Weisheit) Mancher Rat passt uns gar nicht. Vielleicht ärgert er uns sogar! Doch wenn wir wissen, dass der andere uns liebt, dann sollten wir ihn ernst nehmen: Weil er uns liebt, fordert er uns mit seinem Ratschlag heraus, traut er uns etwas zu. Oft ärgert uns der Rat des anderen, gerade weil er die eigene Einsicht bestätigt. Eigentlich wussten wir schon, was wir tun sollten. Doch etwas in uns sträubt sich dagegen. Vielleicht ist uns der Weg zu beschwerlich. Und so haben viele Rationalisierungen die eigene Einsicht verdunkelt und entwertet. Das Gefühl weiß: Eigentlich müsste man diese Aufgabe loslassen. Doch dann kommen die Überlegungen: „Ich will nicht als unzuverlässig erscheinen", „Was denken die andern von mir?", „Ich will sie nicht enttäuschen …". Und so behält man die Aufgabe, obwohl man den Widerstand in sich spürt und ständig müde ist. Wenn ein anderer nun rät: „Lass die Aufgabe! Gib deine Ämter in diesem Verein auf!“, dann bringt einen das mit seinem wahren Impuls in Berührung. Aber zugleich melden sich die Rationalisierungen wieder zu Wort, und man spürt: „Ich darf mir jetzt nichts mehr vormachen. Der andere hat Recht.“ Aber das einzusehen und zu befolgen, ist nicht einfach. Man müsste seine Lebensmuster, bei anderen beliebt sein und ihre Erwartungen erfüllen zu wollen, ablegen. Man müsste sein Lebensgebäude auf einem ganz anderen Grund aufbauen. Es lohnt sich, es zu versuchen.

Besitz

Eine der klarsten Geschichten über Reichtum steht im Evangelium des Lukas. Dieser Evangelist schreibt für den damaligen Mittelstand, für Großgrundbesitzer, Großhändler und Steuereintreiber, die es zu einem gewissen Wohlstand gebracht haben und die Interesse haben an Bildung und Philosophie. Eine Szene ist auch heute von hoher Aktualität.

Da kommt ein Mann zu ihm, der sich über seinen älteren Bruder beschwert, er sei nicht bereit, sein Erbe mit ihm zu teilen. Wenn es ums Erben geht, zerstreiten sich auch heute Brüder und Schwestern. Dabei geht es nicht nur um die Verteilung des Geldes, sondern letztlich darum, wer mehr vom Vater oder von der Mutter geliebt worden ist, wer der eigentliche Lieblingssohn, die Lieblingstochter von Vater und Mutter war. Jesus weigert sich, als Richter und Schlichter aufzutreten, wie es damals die Schriftgelehrten durchaus taten. Er will die Menschen auf eine andere Ebene führen. Er möchte die Augen der Zuhörer für das Eigentliche öffnen.

Sie sollen sich über den Sinn ihres Lebens Gedanken machen. Und der Sinn des Lebens besteht nicht im Überfließen dessen, was man besitzt. Etwas Totes kann nicht überfließen. Der Besitz verführt dazu, ihn festzuhalten, besessen und süchtig zu werden. Dann stockt das Leben. Überfließen kann nur das Leben, das von der Liebe geprägt ist, die austeilt, anstatt festzuklammern.

Nie genug

In jedem von uns ist der Wunsch, reich zu sein. Viele denken dabei an äußeren Reichtum, an großen Besitz und an ein stattliches Vermögen. Vor diesem Reichtum hat Jesus immer wieder gewarnt. Gerade das Lukasevangelium hat die Reichen aufgefordert, ihren Besitz mit anderen zu teilen. Darin konkretisiert sich für Lukas die Forderung Jesu nach Nächstenliebe und Barmherzigkeit. Reichtum ist für Jesus nicht an sich schlecht. Reichtum hat nur – so sagt C. G. Jung – die Tendenz, die Maske zu stärken: Wer sich hinter seinem Besitz versteckt, mit dem kommt man nicht in Berührung, mit dem kann man nicht über seine Gefühle sprechen. Denn er verschanzt sich hinter dem, was er aufgebaut hat. Als Mensch aber verhungert er. Denn er ist beziehungsunfähig geworden. Er wird nicht genährt von guten Begegnungen und Gesprächen. Vor diesem Reichtum warnt schon der Prediger im Alten Testament: „Wer das Geld liebt, wird nie genug davon haben." Es gibt eine Gier nach Reichtum, die nie zufrieden gestellt ist. Besitz zu haben, ist ein Urbedürfnis des Menschen. Wir erhoffen uns vom Besitz, dass wir ruhig leben können. Doch wer den Besitz liebt, der wird davon besessen und findet gerade nicht zur Ruhe. Glück ist etwas anderes. Man kann es nicht kaufen und besitzen. Wir finden es in den Augenblicken, in denen wir wirklich leben. Es ist immer im Augenblick erfahrbar. Festhalten kann man es nicht.

Wann sind wir reich?

Wir können unser Leben nicht bis aufs letzte durchplanen. Wir können unser Glück nicht machen. Etwas wird es uns immer wieder durchkreuzen. Ein Unglück kann uns widerfahren, eine Krankheit uns treffen oder der Tod uns dahinraffen. Was ist dann der Sinn unseres Lebens? Alles, worauf wir unsere Energie verwendet haben, wird uns aus der Hand gerissen. Worauf also sollen wir unser Leben bauen?

Es geht darum, vor Gott reich zu sein. Reich ist, wer auf Gott hin reich ist, oder wer sich in Gott hinein bereichert. Was heißt das: auf Gott hin reich sein? Wenn Gott in uns, dann sind wir auf ihn hin reich. Gott ist der wahre Reichtum der Seele. Jesus spricht vom Schatz im Acker und von der kostbaren Perle. Wer seinen ganzen Wert vom Besitz abhängig macht, der findet nie den inneren Reichtum. Er muss immer mehr Besitz anhäufen, um sich selbst zu spüren. Aber er wird nie Frieden finden. Wer Gott als seinen inneren Reichtum erworben hat, der klammert sich nicht an äußerem Besitz fest. Der wird ohne Angst leben können, in innerer Freiheit.

Im Festglanz der Welt

„Der, der weiß, dass er genug hat, ist reich“ (Tao Te King): Der wahre Reichtum ist das Sichbegnügen mit dem, was man hat. Dann kommt man wirklich zur Ruhe. Jesus verweist uns auf den inneren Reichtum der Seele. Er spricht vom Schatz im Acker und von der kostbaren Perle. Wer sie besitzt, der ist glücklich. Der Schatz im Acker ist das eigene, das wahre Selbst, das ursprüngliche Bild, das Gott sich von uns gemacht hat. Dieses innere Bild vergleichen die Mönche mit dem Saphir. Es spiegelt den Glanz und die Herrlichkeit Gottes wider. Wer diese Perle in sich gefunden hat, für den leuchtet die ganze Welt. Elie Wiesel formuliert es so: „Im Festglanz erscheint die Welt denen, die sie wunschlos betrachten.“ Nur wer das Ego mit seinen unersättlichen Bedürfnissen loslässt, der findet seinen wahren Kern und für den erscheint die ganze Welt glänzend und herrlich. Er will die Schönheit der Welt nicht für sich. Er steht staunend vor ihr, ohne sie für sich zu vereinnahmen.

Wem Respekt gebührt

Respekt kommt von „respicere: zurückschauen, sich umsehen, Rücksicht nehmen". Ich sehe nicht an einem vorbei. Ich schaue sogar noch einmal zurück und sehe tiefer, erahne das Geheimnis des anderen. Wenn ich auf jemanden Rücksicht nehme, dann falle ich ihm nicht in den Rücken. Ich schone ihn. Ich habe Nachsicht mit ihm. Ich nehme seine verwundbare Stelle wahr, ohne ihn zu verletzen. Ich achte ihn, so wie er ist. Ich stehe zu ihm, ich stärke ihm den Rücken. Solcher Respekt gebührt jedem Menschen. Ich schaue nicht nur auf das Vordergründige, sondern auch auf das Inwendige, auf das, was sonst verborgen ist. Respekt gilt also nicht nur dem Überlegenen. Im Gegenteil: Respektlosigkeit vor dem Mächtigen kann gerade daher rühren, dass sie von der Rücksicht auf ein höheres Gut – Wahrheit, Freiheit, Gerechtigkeit – bestimmt ist.

Respekt braucht vor allem der, der nicht schon durch seine Erscheinung Respekt erheischt. So heißt es im Buch der Sprüche: „Wer den Armen verspottet, ist wie einer, der Gott lästert." Gerade der Arme, der nichts hat, womit er sich wehren kann, verdient unsere Achtung und Wertschätzung. Wir sollten uns auch nicht Respekt einflößen lassen von Menschen, die uns dadurch einschüchtern wollen, dass sie sich als wichtig gerieren. Der Mensch, der stolz daherkommt und meint, er sei etwas Besonderes, braucht nicht unsere Bewunderung, sondern eher unser Mitleid, wie es Matthias Claudius ausgedrückt hat: „Wenn dir ein Mensch vorkömmt, der sich viel dünkt und groß und breit dasteht, wend dich um und habe Mitleid mit ihm."

Wie die Seele Ruhe findet

Wer will das nicht: Zur Ruhe kommen? Das möchte jeder gestresste Zeitgenosse. Aber viele finden keine Ruhe. Sie können nicht ausruhen. Und wenn es ruhig wird um sie herum, werden sie geradezu

nervös: Sie spüren, dass sie ihrer eigenen Wahrheit begegnen könnten. Das macht sie unruhig. Da laufen sie lieber vor sich selbst davon und stürzen sich in Hektik. Jesus sagt: „Die Wahrheit wird euch frei machen." (Joh 8,32) Wir könnten auch übersetzen: Nur wer es wagt, sich seiner Wahrheit zu stellen, wird Ruhe finden. Die Ruhe fängt im Innern an: „Seelenruhe bedeutet auch Ruhe für den ganzen Leib", sagt Rabbi Halozki. Wenn die Seele nicht zur Ruhe kommt, wird auch der Leib nicht wirklich ruhig werden, selbst wenn er rein äußerlich nichts tut. Wer ständig in Bewegung ist, der hindert seine Seele, ruhig zu werden. Ich muss auch äußerlich Ruhe geben, damit meine Seele Ruhe finden kann.

Aus der Ruhe kommt die Kraft

Jesus lädt die Ruhelosen ein mit der Verheißung, er werde ihnen Ruhe bringen: „Kommt alle zu mir, die ihr euch plagt und schwere Lasten zu tragen habt. Ich werde euch Ruhe verschaffen." (Mt 11, 28)
Der Grund für die Ruhelosigkeit ist, dass wir uns abplagen, dass wir uns oft selber geißeln, dass wir uns ständig unter Druck setzen. In einem Kurs sprachen wir über diesen Druck, den wir uns selber machen. Eine Rentnerin erzählte, wie sie sich immer noch unter Druck setzt, weil sie meint, sie müsse dies oder jenes noch tun. Sie habe ein schlechtes Gewissen, wenn sie am Mittag meint, dass sie zu wenig geleistet habe. Eine Mutter setzt sich unter Druck, wenn ihr kleiner Sohn beim Ministrieren hin und her wippt. Ein Mann setzt sich unter Druck, er müsse diese oder jene Tätigkeit in zehn Minuten erledigen. Von außen betrachtet ist der Druck häufig objektiv gar nicht vorhanden.
Wir selbst machen ihn uns! Doch wer sich ständig unter Druck setzt, der kommt nie zur Ruhe. Sobald es um ihn herum ruhig ist, tauchen immer neue

Bilder auf und der Geplagte meint er, es müsse jetzt auch dieses oder jenes noch erledigt werden. Der wichtigste Weg zur inneren Ruhe geht über das Ablegen dieses Drucks, den wir uns selber machen. Jesus lädt uns ein, sein Joch auf uns zu nehmen, das leicht ist. Jesu Joch auf sich nehmen, das heißt, mit sich in Berührung sein. Es ist kein äußerer oder selbstgemachter Druck. Je mehr ich bei mir bin, je mehr ich in Berührung mit mir selbst bin, desto weniger lastet ein Druck auf mir. Wer bei sich ist, der spürt sich selbst. Der muss sich nicht unter Druck setzen, um sich zu spüren. Was er tut, wird aus seiner inneren Mitte strömen. Und so wird auch sein Tun der Ruhe entspringen und Ruhe bewirken. Wer aufgeregt arbeitet, dessen Tun wird keinen Segen bringen. Aus der Ruhe kommt die Kraft.

Selig die Sanftmütigen

Sanftmut ist kein modernes Wort. Es scheint antiquiert. Evagrius Ponticus, der Psychologe unter den frühen Mönchsvätern, sieht die Sanftmut als Zeichen des spirituellen Menschen. Wer durch Askese hart geworden ist, hat nichts von Spiritualität verstanden. Evagrius zeigt uns Mose als Vorbild, von dem es heißt, dass er sanftmütiger war als alle übrigen Menschen (Num 12, 3). Und er verweist uns auf Jesus, der von sich sagt, dass er sanftmütig sei (Mt 11, 29). Jesus selbst preist die Sanftmütigen selig: „Selig die Sanftmütigen, denn sie werden das Land erben." (Mt 5, 5)

Das Wort „Sanftmut" kommt von „sammeln". Sanftmütig ist der, der alle Bereiche seiner Seele in sich sammelt, der nichts, was er in sich vorfindet, verachtet oder gar ausschließt. Es braucht Mut, um alles, was in einem ist, zu sammeln und in sich zu vereinen. Es gibt da so manches in mir, was ich lieber nicht hätte, was ich lieber aussondern und wegwerfen würde. Doch ich sammle die Erfahrungen, die ich gemacht habe, die leidvollen und die freudigen, die wertvollen und die mir eher peinlichen, ich bewahre sie in mir. Alles gehört zu mir. Wer alles, was in ihm ist, sammelt und vereint, der ist auch zu anderen sanftmütig, der kann auch gut mit anderen Menschen zusammen sein. Er wird nicht schroff verurteilen, weil er auch in sich nichts verurteilt.

Der Sanftmütige versammelt Menschen um sich herum. Weil er in sich gesammelt ist, vermag er auch Menschen zusammenzuführen. Und es geht von ihm etwas Angenehmes aus, etwas Zartes, zu dem man sich gerne gesellt. Der Sanftmütige geht zart um mit den Menschen. Aber er ist trotzdem voller Kraft: Er hat ja alles, was in ihm steckt, gesammelt. Jetzt steht ihm alles zur Verfügung. Der Harte hingegen hat sich verschlossen, er ist wie ein Stein: Den ersten Hieben trotzt er, doch dann bricht er auseinander. Der Sanfte aber zerbricht nicht. Alles in ihm wirkt und hält zusammen. So kann er aus sich heraus auf Dauer effektiver und kraftvoller wirken. Sanftmut macht die Welt friedvoller und glücklicher.

Schweigen ist Gold

Alle Weisen dieser Welt preisen den Wert des Schweigens. Ein deutsches Sprichwort weiß: „Reden ist Silber, Schweigen ist Gold." Mit Reden kann ich viele Probleme lösen. Doch wer zu schweigen vermag, der kommt mit dem Goldglanz der eigenen Seele in Berührung. Es gibt Menschen, die ständig reden müssen. Sie begegnen sich und dem Goldkern in sich niemals. „Schweigen ist der

Anfang der Weisheit", sagt Schlomo Ibn Gewirol. Schweigen führt zu einem neuen Wissen: Ich schaue in mich hinein, ich sehe die Wirklichkeit, wie sie ist, ich verstelle sie nicht mehr mit Worten. Wer schweigt, wird weise. Er weiß mehr. Er sieht auf das Wesentliche.

Friedrich Nietzsche hat den Wert des Schweigens am eigenen Leib erfahren. Er war oft mit sich allein. Aber gerade im Schweigen kamen ihm die wichtigsten Einsichten: „Der Weg zu allem Großen geht durch die Stille." Die Stille, so sagen die frühen

Mönche, klärt das Trübe in uns. So wie der gute Wein lange stehen muss, damit die Trübungen sich klären, so bedürfen wir der Stille, damit sich aller innere Schmutz setzen kann. Und nur wenn wir klar sehen, erkennen wir das Wesen der Dinge. Nur aus solcher Stille kann Großes hervorgehen. Da entdecken wir Neues. Wir sagen nicht nach, was alle anderen auch sagen. Wir kommen mit dem Sein selbst in Berührung. Und so geht uns auf, worum es eigentlich in unserem Leben geht.

Verstehen – Wirken – Gewinnen

Dag Hammarskjöld, der als Generalsekretär der UN unermüdlich im Dienst des Friedens stand, hat den Wert der Stille für sich erkannt. Er, der ständig unterwegs war, um Konflikte zu lösen, gönnte sich immer wieder Zeiten der Stille. Die Stille war für ihn die Voraussetzung für sein Wirken. Das wird aus seinen Worten deutlich:

„Verstehen – durch Stille.
Wirken – aus Stille.
Gewinnen – in Stille."

Ich lerne den anderen zu verstehen, wenn ich mit ihm spreche. Aber es braucht auch die Stille, um auf den Grund seiner Seele zu schauen und ihn von dort her im Tiefsten zu verstehen. Ich verstehe die Zusammenhänge dieser Welt nur, wenn ich zurücktrete und in der Stille wie mit neuen Augen auf alles sehe. Das Wirken kommt aus der Stille. Wer aus der Stille heraus handelt, dessen Tun wird wirksamer sein als das eines Hektikers. Denn in der Stille hat er erkannt, worum es geht. Die Stille gibt ihm die Kraft, nun auch zu tun, was er erkannt hat. Und er wird konsequent und ruhig angehen, was ihm wichtig erscheint. Die große Wirkung, die Dag Hammarskjöld als Generalsekretär der UN mit seinem politischen Handeln erzielte, hatte ihre letzte Ursache in der Stille, die er sich immer wieder gönnte. Die Stille – so meint er – ist auch der Grund des Gewinnens: Wer aus der Stille handelt, dem gelingt auch, was er anstrebt. Aber Gewinnen aus der Stille bedeutet noch etwas anderes. Wer Erfolg hat, braucht die Stille, damit er sich nichts einbildet auf seinen Erfolg. Denn wer sich über seine Erfolge definiert, der bleibt innerlich stehen: Er bläht sich mit seinen Siegen auf und stellt sich über andere. Die Stille hingegen stellt ihn auf den Boden. Sie konfrontiert ihn mit der eigenen Leere und Durchschnittlichkeit. Sie zeigt ihm, dass Gewinnen immer auch ein Geschenk ist von oben. Wer aus der Stille heraus gewinnt, wird seine Siege nicht laut feiern. Er wird dankbar sein. Wenn er gewinnt, dann nicht auf Kosten anderer. Im Gegenteil: Sein Gewinn vermittelt ihnen, dass auch ihr Leben gelingen kann.

Stille und Geschwätz

„Es ist schwer, still zu sein, wenn man nichts zu sagen hat.“ Malcolm Margolin bezieht sich mit dieser Bemerkung auf Menschen, die Stille nicht aushalten können. Wer etwas zu sagen hat, der kann sich zurückhalten. Er ist bei sich. Wer nichts zu sagen hat, der muss sich und den anderen beweisen, dass er doch mitreden kann. Oder aber er kann den Druck nicht aushalten, den das Schweigen ihm macht. Im Schweigen erlebt er sich als leer und bloßgestellt. Für die frühen Mönche war das Schweigen ein Auswandern aus der Welt der Worte, hinein in das Geheimnis des Seins, letztlich in das Geheimnis Gottes. Manche müssen reden, um ihrer Einsamkeit zu entfliehen. Wenn ihnen niemand zuhört, fühlen sie sich nicht zugehörig zur menschlichen Gesellschaft. Weil sie sich selbst nicht gehören, müssen sie ständig gehört werden.

Schutz für die Seele

Für manchen klingt Selbstbeherrschung nach: Zähne zusammenbeißen, sich nichts anmerken lassen, seine Gefühle unter Kontrolle halten. Doch das ist nicht gemeint. Die Griechen sprechen von „autarkeia“. Autarkie besitzt der, der in seinem Bereich sein eigener Herr ist und sich nicht von anderen beherrschen lässt. Den Namen Mensch – so meinen die Griechen – verdient nur einer, der über sich selbst herrscht, der innerlich frei ist und weder von Lust und Laune noch von anderen Menschen beherrscht wird. Selbstkontrolle meint dabei nicht, dass ich alle Gefühle kontrolliere, sondern dass ich mit meinen Gefühlen umgehe, anstatt mich von ihnen bestimmen zu lassen. Ohne Selbstbeherrschung gelingt das Leben nicht. Ich werde dann von anderen Menschen beherrscht, von Launen und Stimmungen. Die treiben mich um. Und ich werde gelebt, anstatt selbst zu leben.

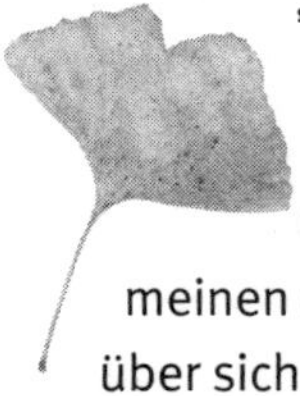

Das Buch der Sprichwörter vergleicht einen Menschen, der ohne Selbstbeherrschung lebt, mit einer Stadt, die schutzlos allen Angriffen von außen ausgesetzt ist: „Wie eine Stadt mit eingestürzter Mauer ist ein Mann, der sich nicht beherrschen kann." In eine Stadt, deren Mauer eingestürzt ist, kann jeder eindringen. Und die Menschen, die in so einer Stadt wohnen, fühlen sich nicht geborgen. Selbstbeherrschung ist wie eine Mauer, die die Stadt meiner Seele schützt und mir einen Raum eröffnet, in dem ich zu Hause sein und mich bergen kann. Ein Mensch ohne Selbstbeherrschung kann sich weder abgrenzen noch verteidigen. Die Stadt ohne Mauern wird bald verwaist sein. Denn keiner wohnt gerne darin. Und der Mensch, der sich selbst nicht beherrscht, wird bald erfahren, wie leer sein Leben wird. Er wird sich selbst verlassen und so verwaist durch die Welt gehen. Leo Tolstoj hat es gültig formuliert: „Ein gutes und glückliches Leben ohne Selbstkontrolle – das hat es nie gegeben. Und das kann es nicht geben."

Jenseits der Schwelle

„Unsere Welt reicht in die Welt der Toten hinein, und jene in unsere." (Max Picard) Weise Menschen haben immer gewusst, dass ihr Leben einen größeren Horizont hat als das, was ihnen vor Augen liegt. Es ist nicht nur der Horizont Gottes, der ihr Leben erweitert, sondern auch die Welt der Toten. Wenn Menschen gestorben sind, die wir gut gekannt haben, dann haben sie einen Teil von uns schon mitgenommen über die Schwelle des Todes.

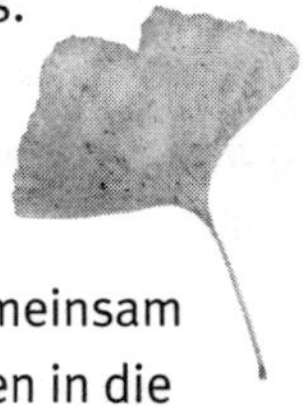

Alles, was wir mit ihnen geteilt haben, unsere Freuden und unser Leid, unser Einverständnis und unsere Konflikte, alles Helle und alles Dunkle, das wir gemeinsam erlebt haben, haben sie mit sich getragen in die Welt Gottes. Je mehr vertraute Menschen vor uns in den Tod gegangen sind, desto mehr ist von uns schon jenseits der Schwelle. Wir ragen also schon in die Welt der Toten hinein, in die Welt der Vollendung, in der die Toten bei Gott sind. Aber umgekehrt gilt auch: Die Toten haben eine Botschaft an uns, einen Auftrag, den wir erfüllen sollen. Und die Toten begleiten uns auf unserem Weg. Manchmal zeigen sie sich uns im Traum und tun uns kund, dass sie einverstanden sind mit unserem Leben. Manchmal sagen sie uns im Traum ein Wort, das uns den Weg in die Zukunft weist, das uns Trost schenkt oder uns die Augen öffnet für das, was jetzt dran ist in unserem Leben.

Der englische Metaphysiker und Geistliche John Donne hat die Beziehung der Toten zu uns von einem anderen Blickwinkel aus betrachtet: „Keiner ist eine Insel, ganz für sich selbst gehörig. Jeder Mensch ist ein Stück des Kontinents, ein Teil des Ganzen ... Der Tod jedes Menschen vermindert mich, weil ich mit der Menschheit verflochten bin. Deshalb sende niemals Boten aus, um zu erfahren, für wen die Glocke läutet – sie läutet für dich." Wenn ein Mensch stirbt, erinnert mich das an mein eigenes Sterben. Und mit jedem Menschen stirbt auch etwas von mir. Ich kann das, was ich mit dem anderen besprochen und an Gefühlen geteilt habe, nicht mehr in gleicher Weise mit ihm teilen. Der andere geht mir ab. Er stützt mich nicht mehr, wärmt mich nicht mehr, er weist mir nicht mehr den Weg. So ist mit dem anderen auch ein Stück von mir gestorben. Es ist meine Aufgabe, eine neue Beziehung zu dem Verstorbenen einzugehen. Aber das gelingt nur, wenn ich wirklich Abschied genommen und den Teil von mir begraben habe, der mit dem anderen gestorben ist.

Spur meines Lebens

Der Tod eines Menschen erinnert mich an das eigene Sterben. Der Dichter Wolfdietrich Schnurre zeigt, dass der Tod eines gleichaltrigen Menschen uns mit unserer eigenen Sterblichkeit konfrontiert: „Noch nie haben Gleichaltrige derartig bestürzt, wie nach dem Tod eines Fünzigjährigen, in den Spiegel geblickt." Sie haben offensichtlich im Spiegel nach ihrer eigenen Vergänglichkeit geschaut. Sie haben voller Angst festgestellt, dass auch ihr Leben nicht ewig dauern wird.

Manch einer wird den Gedanken an den Tod sogar als Wohltat erleben, vor allem dann, wenn er gerade selbst nicht gerne lebt.

Für den anderen ist er eine Einladung, über sein Leben nachzudenken: Worauf kommt es an in meinem Leben? Was möchte ich denn eigentlich für eine Botschaft vermitteln? Habe ich bisher überhaupt gelebt oder wurde ich gelebt? Wie möchte ich die Zeit, die mir verbleibt, leben? Welche Spur möchte ich eingraben in diese Welt?

Abraham Lincoln hat im Gedenken an den Tod überlegt, woran die Menschen denken sollten, wenn er einmal gestorben sein wird: „Wenn ich eines Tages gestorben sein mag, möchte ich, dass diejenigen, die mich am besten kannten, von mir sagen werden, dass ich immer eine Distel ausgerissen habe und eine Blume gepflanzt habe, wo ich dachte, dass eine Blume wachsen würde."

Was könnte auf meinem Grabstein stehen?

Abschied – eine Kunst, die man lernen muss

Wenn ein Mensch von mir weggerissen wird, bleibt eine Wunde. Viele versuchen daher, dem Abschied aus dem Weg zu gehen. Sie schauen ihm nicht ins Auge. Doch dann holt sie der übersprungene Abschied nach dem Tod des geliebten Menschen ein. Abschied ist unausweichlich. Der Abschied, den wir von einem Sterbenden nehmen, erinnert uns an die vielen Abschiede, die wir im Leben erlitten haben. Da war der Abschied von den Großeltern, von den Eltern, von lieben Freunden. Da war auch der Abschied von der Kindheit, von der Jugend, der Abschied aus der Heimat. Oft genug erzeugen Abschiede Verlassenheitsängste. Wer sich als Kind verlassen fühlte, der möchte jeden Abschied verdrängen. Denn er erinnert ihn wieder an die Urverlassenheit, die er als Kind erlebt hat. Und doch müssen wir die vielen kleinen Abschiede als Einübung in den großen Abschied des Sterbens verstehen und akzeptieren. Auch wenn wir Abschied nehmen von Verstorbenen, üben wir uns also ein in den eigenen Abschied, der immer wieder von uns gefordert wird: den Abschied von Menschen, den Abschied von vergangenen Lebensgewohnheiten, von Gefühlen der Vergangenheit und letztlich den Abschied vom eigenen Leben.

Heilige Tränen

„Eine Frau, die über den Tod ihres Sohnes verzweifelt war, kam zum Meister, um getröstet zu werden. Er hörte sie geduldig an, als sie ihm ihr Leid klagte. Dann sagte er sanft: ‚Ich kann deine Tränen nicht trocknen, meine Liebe. Ich kann dich nur lehren, wie du sie heiligen kannst.'“ Was will diese Geschichte sagen? Wenn einer großes Leid hat – und der Tod eines Kindes ist wohl das größte Leid, das einen Menschen treffen kann –, dann helfen unsere gut gemeinten Worte oft nicht. Dann gehen alle Antwortversuche ins Leere. Wir wissen keine Antwort auf das Warum. Und wir können keinen leichten Trost spenden, weil wir den Schmerz wahrnehmen, der den anderen zu zerreißen droht. Worte bleiben uns im Halse stecken. Wir können nur dabeibleiben und das Leid des Hilfesuchenden aushalten. Der Meister hat Mitleid mit der Frau und redet sanft auf sie ein. Aber er vertröstet sie nicht und gibt keine Antwort auf ihr Leid. Das Einzige, was er ihr anzubieten vermag, ist, sie zu lehren,

wie sie ihre Tränen heiligen kann. Was heißt das: die Tränen heiligen? Das Heilige ist immer auch das Kostbare. Die Tränen heiligen bedeutet, in den Tränen kostbare Perlen zu entdecken. Das Leid adelt den Menschen. Wir können es nicht erklären. Wir können es nur annehmen. Dann führt es uns in die Tiefe. Dann entdecken wir in uns das Heilige, das, was durch das Leid nicht zerstört werden kann. Das Leid tut weh. Aber es ist auch etwas, das nur wir geschaut und erlebt haben. Es zeichnet uns aus. Es ist etwas Kostbares, das wir mit uns tragen.

Heiligen ist immer auch: heil und ganz machen. Die Tränen fügen das Zerbrochene in mir wieder zusammen. Und heiligen heißt: absondern, aus der Welt herausheben. Wenn ich meine Tränen heilige, dann spüre ich, dass sie mich herausnehmen aus der oberflächlichen Welt des Geschwätzes. Ich bin hineingenommen in die eigentliche Welt, in die Welt Gottes, in die Welt, die voll ist von unerklärlichen Geheimnissen.

Das Geheimnis unserer Kultur

„Jeder ist für alle verantwortlich. Jeder ist allein verantwortlich. Jeder ist allein verantwortlich für alle. Zum erstenmal verstehe ich eines der Geheimnisse der Religion, aus der unsere Kultur hervorgegangen ist, die ich als die meine anspreche: Die Sünden der Menschen tragen …". Dieses Wort von Antoine de Saint-Exupéry hat mich sehr berührt, als ich es zum ersten Mal las. Ich lebe nicht allein. Ich werde meiner Existenz nicht gerecht, wenn ich nur vor

mich hin lebe, ohne mich um die anderen zu kümmern. In allen meinen Entscheidungen, in meinem Denken und in meinem Tun bin ich verantwortlich für die Menschen um mich herum, verantwortlich letztlich für alle Menschen. Wir alle sind miteinander verbunden. Was einer denkt, wirkt sich auf den anderen aus. Was einer tut, verändert die Voraussetzungen der Menschen um ihn herum. Diese Erfahrung lässt uns den biblischen Satz besser verstehen, dass Christus die Sünden der Menschen getragen hat. Er hat in seinem Handeln die

Verantwortung für die Menschen um sich herum übernommen. Er hat sich nicht einfach auf sich zurückgezogen. Weil er seine Liebe bis in den gewaltsamen Tod hinein durchgehalten hat, hat er etwas verwandelt in den Herzen der Menschen. Er hat Hass nicht mit Hass beantwortet. Er hat seine Liebe selbst den Mördern gegenüber durchgehalten. Das hat alle Menschen verändert. Es hat die Voraussetzungen unseres Verhaltens verwandelt. Wir können im Umgang mit feindseligen Menschen nicht mehr so tun, als ob es Jesus nie gegeben hätte. Hass kann nicht mehr mit Gegenhass erwidert werden. Er hat eine Bresche geschlagen in das übliche Verhalten, das Gleiches mit Gleichem beantwortet. Seine Verantwortung hat unser Leben verwandelt, hat den Automatismus unserer Reaktionen aufgehoben. Darin besteht das Geheimnis der Erlösung.

Gedächtnis und Stolz

Verantwortung übernehmen – auch für sich – ist nicht immer leicht: „‚Das habe ich getan', sagt mein Gedächtnis. ‚Das kann ich nicht getan haben' – sagt mein Stolz und bleibt unerbittlich. Endlich – gibt das Gedächtnis nach." Friedrich Nietzsche, von dem dieser Satz stammt, wusste, wie schwer wir uns tun, Verantwortung für uns selbst und unser Verhalten zu übernehmen. Der Stolz hindert uns, Verantwortung für Taten zu übernehmen, die uns peinlich sind. Unser Selbstbild vor uns und vor den anderen aufrechtzuerhalten ist uns wichtiger. Wir kommen aber um unsere Verantwortung nicht herum. Wir werden immer wieder auch verantwortungslos handeln. Aber das Leben wird nur dann stimmig und gut, wenn wir uns auch dem stellen: „Der Mensch tut manches verantwortungslos. Aber schließlich muss er auch dafür die Verantwortung auf sich nehmen." (Ferdinand Ebner)

Wenn die Verletzung tief sitzt

In Gesprächen höre ich immer wieder: Ich kann nicht vergeben. Die Verletzung sitzt zu tief. Ich kann gut verstehen, dass ich nicht auf Aufforderung einfach vergeben kann. Wie kann Vergebung gelingen? Zunächst ist wichtig, dass ich den Schmerz und die Wut über die Verletzung zulasse und nicht überspringe. Aber ich darf nicht dabei stecken bleiben. Sonst gebe ich dem, der mich verletzt hat, immer noch Macht. Vergebung ist ein Akt der Befreiung. Ich löse mich von der Bindung an den anderen. Psychologen haben festgestellt, dass manche Menschen nicht gesund werden, weil sie nicht vergeben können. Sie sind immer noch an den gebunden, der sie gekränkt hat. Sie lassen von ihm ihre Stimmung bestimmen. Vergebung ist erst einmal etwas, das mir gut tut. Ich befreie mich vom Einflussbereich des anderen. Ich lasse die Verletzung bei ihm. Vergeben heißt: die Verletzung weggeben, sich nicht mehr darum kümmern.

Vergeben befreit

In seinem Buch über das Gebet vermeidet Evagrius Ponticus, der wichtigste Schriftsteller im frühen Mönchtum († 399) jedes Moralisieren. Er behandelt das Thema Vergebung im Zusammenhang mit dem Beten und zitiert zunächst das Wort Jesu aus der Bergpredigt (Mt 5,34f): „Lass deine Gabe vor dem Altar, gehe und versöhne dich erst mit deinem Bruder", rät uns unser Herr – dann wirst du ungestört beten können. Groll nämlich trübt den Geist des Menschen, der betet, und wirft einen Schatten über sein Gebet" (Evagrius, Über das Gebet 21). Evagrius sieht also den Vorteil für den, der vergibt. Er wird auf diese Weise frei vom Groll. Vergeben tut ihm selber gut. Und es befähigt ihn zum wirklichen Beten. Ohne Vergebung gelingt das Beten nicht. Das zeigt Evagrius in einem zweiten Wort: „Der Mensch, der Kränkungen und Verstimmungen nicht vergessen kann und trotzdem zu beten versucht, gleicht einem Menschen, der aus einer Quelle Wasser schöpft und es in ein Fass voller Löcher gießt." (Evagrius, 22) Vergeben heißt also: die Kränkungen und Verstimmungen vergessen, sich davon befreien. Wer nicht vergeben kann, der geht seinen spirituellen Weg umsonst. Er wird auch Gott nicht wirklich erfahren können. Denn zwischen seinen Geist und Gott wird sich immer wieder die Kränkung stellen und seinen Blick auf Gott verdunkeln.

Nur keine Heuchelei

„Mancher predigt schön und handelt hässlich; mancher handelt schön und predigt überhaupt nicht." (Babylonischer Talmud) Es ist immer gefährlich, wenn wir schöne Predigten halten, aber im eigenen Leben nicht verwirklichen, was wir anderen verkünden. Der Autor des Babylonischen Talmuds ergreift Partei für die, die schön handeln und gar nicht darüber reden. Wer richtig handelt, ohne es anderen anzupreisen, der ist wahrhaft weise. Er handelt aus seiner eigenen Wahrheit heraus. Er hat es nicht nötig, sein Tun vor anderen zu beschönigen oder herauszustellen. Das ist etwas anderes als die moderne Selbstvermarktungsmethode nach dem Motto: Tue Gutes und rede darüber. Noch eine andere, bis heute aktuelle Weisheit hat dieser jüdische Weise formuliert: „Man soll nicht das eine sagen und das andere im Herzen denken." Man soll zwar nicht alles sagen, was man denkt. Aber nichts sagen, was man nicht auch wirklich denkt. Denn wenn ich dem anderen etwas sage, obwohl ich es im Herzen

anders meine, dann bin ich unwahrhaftig. Ich verfolge dann Absichten mit meinem Reden. Entweder möchte ich den anderen für mich gewinnen, oder aber ich bin feige und möchte ihn nicht mit der Wahrheit konfrontieren, weil ich mich ihm nicht offen zeigen will. Lieber bleibe ich in meinem Versteck und gebe schöne Töne von mir, damit keiner auf die Idee kommt, mich in Frage zu stellen oder mich anzugreifen.

Heuchelei ist das Gegenteil von Wahrhaftigkeit. Hannah Arendt sagt einmal: „Das Verbrechen des Heuchlers ist, dass er falsch Zeugnis wider sich selbst ablegt." Das Wort „heucheln" kommt von „sich ducken, sich verstecken, sich verbiegen". Der Heuchler versteckt sich vor sich selbst. Er verbirgt seine eigene Wahrheit. Wir ducken uns normalerweise, wenn wir Angst vor einem Angriff haben. Der Heuchler lebt in ständiger Angst, dass einer seine Wahrheit entdeckt. Daher muss er sich beständig verstecken hinter schmeichlerischen Worten, damit keiner auf die Idee kommt, ihn selbst anzuschauen und in Frage zu stellen.

La Rochefoucauld bietet eine andere Deutung der Heuchelei an: „Die Heuchelei ist eine Huldigung des Lasters an die Tugend." Er sieht in ihr letztlich die Sehnsucht nach der Tugend. Aber weil der Lasterhafte, der von seinen Leidenschaften beherrscht wird, die Tugend nicht erreichen kann, huldigt er ihr, indem er sich selbst oder anderen etwas vorheuchelt. Er zeichnet von sich ein Bild des Tugendhaften. Oder er preist den anderen in den höchsten Tönen. Letztlich malt er im geheuchelten Lob des anderen ein Bild, dem er selbst gerne entsprechen würde. Seine Schmeichelei hat also mit meiner Wahrheit nichts zu tun.

Unser Leben prägt die Welt

„Ich bin nur jemand; aber ich bin jemand. Ich kann nicht alles tun; aber ich kann etwas tun. Ich will nicht das Etwas, was ich tun kann, ablehnen." Mit diesen Worten hat die von Geburt an blinde Helen Keller ihre Lebensmaxime zum Ausdruck gebracht.

Als Blinde konnte sie nicht alles tun, was sie gerne getan hätte. Sie war in ihrem Wirken sehr eingeschränkt. Aber sie hat das getan, was sie tun konnte. Und sie hat damit eine größere Wirkung erzielt als viele, deren Möglichkeiten aufgrund ihrer guten Gesundheit größer gewesen wären. Wir sollen uns nicht mit anderen vergleichen. Und wir sollen nicht meinen, in dieser großen Welt könnten wir sowieso nichts verändern. Wenn wir das tun, was in unserer Macht steht, dann wird die Welt um uns herum ein wenig heller und wärmer.

Daran hat auch Mutter Teresa geglaubt. Und diese Einsicht war die Triebfeder ihres Wirkens, das die Welt bewundert: „Wir merken, dass das, was wir erreichen, nur ein Tropfen im Ozean ist. Aber wenn dieser Tropfen nicht im Ozean wäre, würde er vermisst." Oft haben wir den Eindruck, dass wir nicht viel beitragen können zu einer menschlicheren Welt. Doch wenn wir das tun, was wir im Herzen spüren, dann werden wir in diese Welt eine Lebensspur eingraben, die sie menschlicher und barmherziger werden lässt. Wir haben eine Wirkung mit dem, was wir denken und tun.

Albert Einstein meint: „Ein Gedanke, der einmal ausgesprochen worden ist, kann nicht rückgängig gemacht werden." Das, was wir durch unser Leben ausdrücken, wirkt. Es kann nicht rückgängig gemacht werden. Es bleibt für alle Zeiten. Es prägt diese Welt.

Das kostbarste Gut

Vor allem die jüdische Weisheit hat sich mit dem Geheimnis der Zeit auseinandergesetzt. „Wer nicht auf die Zeit achtet, schreitet im Dunkel“, meint Mosche Ibn Esra. Wer einfach so dahinlebt, ohne auf den Augenblick zu achten, für den ist alles dunkel, sinnlos. Er lebt ohne Bewusstsein. Er ist unfähig, das Geheimnis der Zeit zu erspüren, und geht damit dem Geheimnis des Lebens aus dem Weg. Rabbi Jaakow Emden hält die Zeit für das kostbarste Gut: „Die Zeit ist das kostbarste Gut. Man kann sie für Geld nicht kaufen.“ Wer etwas kauft, will es besitzen. Die Zeit kann niemand besitzen. Sie wird uns geschenkt. Und nur der, der sie wahrnimmt und bewusst erlebt, erfährt sie als Geschenk. Allen andern entschwindet sie ständig: Sie jammern, dass sie so wenig Zeit haben; sie wissen nicht, wohin die Zeit gegangen ist. „Die Zeit ist der beste und klügste Lehrer.“ (Abraham Ibn Esra) Sie lehrt uns, dass nur der wahrhaft lebt, der ganz bei sich ist, der ganz im Augenblick lebt.

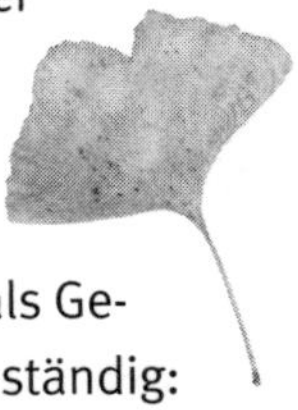

Und sie lehrt uns weiter, dass nur der weise ist, der die Begrenztheit der Zeit anerkennt, die ihm gegeben ist. Wir können nicht dem Geheimnis der Zeit nachspüren, ohne an den Tod zu denken, in dem unsere Lebenszeit an ein Ende kommt, um einzumünden in die zeitlose Zeit, in die Ewigkeit.

Erfüllung der Zeit

Über das Geheimnis der Zeit haben die Philosophen und Weisen seit jeher nachgedacht. Der hl. Augustinus meinte einmal, jeder wisse, was Zeit ist. Aber sobald wir länger darüber nachdenken, wissen wir es auf einmal nicht mehr. Die Zeit ist nicht zu fassen. Sie ist immer im Fluss. Und sie entschwindet uns mit jedem Augenblick: „Jedes Zeitteilchen, das man weiterlebt, wird von der Lebensdauer abgezogen, und tagtäglich wird weniger und weniger, was übrig bleibt, so dass die ganze Lebenszeit nichts anderes ist als ein Lauf zum Tode, bei dem niemand auch nur ein klein wenig stehen bleiben oder etwas langsamer gehen darf." Die Zeit entschwindet uns. Nur im Augenblick ist sie greifbar. Aber festhalten können wir sie nicht. Es bedarf der Kunst, ganz im Augenblick zu sein, um dem Geheimnis der Zeit näher zu kommen. Dort, wo ich ganz präsent bin, fallen Zeit und Ewigkeit zusammen. Dort übersteige ich die Zeit und habe teil am Geheimnis der Ewigkeit. Ewigkeit bedeutet dabei nicht eine lange Dauer, sondern – nach der berühmten Definition des römischen Philosophen Boethius – „der vollkommene, in einem einzigen, alles umfassenden Jetzt gegebene Besitz grenzenlosen Lebens". Wer fähig ist, ganz gegenwärtig zu sein, der tritt für einen Augenblick aus dem Kreislauf der Zeit heraus und berührt die stillstehende Zeit, die Ewigkeit. Der persische Dichter Rumi meint, dass nur der aus dem Kreislauf der Zeit herauszutreten vermag, der in den Kreislauf der Liebe eintritt: „Trete aus dem Kreislauf der Zeit heraus und in den Kreislauf der Liebe hinein." In der Liebe berühre ich etwas, das dauert. Der französische Philosoph Gabriel Marcel hat das in dem Wort ausgedrückt: „Lieben, das heißt zum andern sagen: ‚Du, du wirst nicht sterben.'" Die Liebe überdauert die Zeit. Sie lässt die Zeit stillstehen. Sie ist die Erfüllung der Zeit.

Was wirklich zählt

„Die Stunden, die zählen, sind die Stunden, die nicht gezählt werden“, sagt der hintersinnige Zeitphilosoph Karlheinz A. Geißler. Was wirklich zählt, das lässt sich nicht quantifizieren, nicht zählen und nicht messen. Glück ist immer zeitlos. Eine tiefe Erfahrung überschreitet die messbare Zeit. Wer seine Stunden zählt, der lebt nicht in der Gegenwart. Er zählt sie entweder aus Zeitvertreib, weil die Zeit langweilig ist. Oder aber er wartet auf ein wichtiges Ereignis. Als Kinder haben wir die Tage bis Weihnachten gezählt. Das hat der Adventszeit durchaus eine eigene Qualität gegeben. Dieses Zählen meint Karlheinz A. Geißler nicht. Denn ein solches Warten macht ja gerade sensibel für das Geheimnis der Zeit. Die Zeit hat etwas zu bieten. Sie hält etwas in ihrem Schoß für uns bereit, das uns beglückt.

Der Arbeiter zählt seine Stunden zusammen, um seinen gerechten Lohn zu bekommen. Meistens sind es aber gerade nicht die erfüllten Stunden, die wir zusammen rechnen. Es sind Stunden, die bezahlt werden. Stunden, die wir nicht zählen, sind unbezahlbar. Sie sind die kostbaren Augenblicke. Es sind Stunden, die nicht vorübergehen, die man nicht messen kann. Die Zeit steht still. Und solche Augenblicke zählen wirklich.

Dieser Mut, den kein Tier hat

Zivilcourage ist der Mut des Bürgers, vor anderen zu sich zu stehen und das zu sagen oder zu tun, was er für angemessen hält. Wer sich von der Zivilcourage leiten lässt, hat den Mut, bei anderen anzuecken. Er sieht, was notwendig ist, was in diesem Augenblick für den oder jenen Menschen richtig ist, und handelt danach. „Tue recht und scheue niemand", sagt das Sprichwort. Ich soll das Richtige tun und nicht ständig andere Menschen fragen, ob es richtig ist oder ob sie es richtig finden. Wenn ich das Rechte tue, brauche ich nicht das Gerichtsurteil anderer zu berücksichtigen. Der Politikwissenschaftler Iring Fetscher meint: „Wer Zivilcourage an den Tag legt, muss nicht immer im Recht sein. Ohne Menschen, die der Zivilcourage fähig sind, geht aber die Freiheit zugrunde." Wer tut, was er als richtig erkannt hat, muss also nicht immer Recht haben. Aber wer sich nur nach den Urteilen anderer richtet, findet selten das Rechte. Es braucht den Mut zur eigenen Erkenntnis und den Mut, diese Erkenntnis

auch in die Tat umzusetzen. Ohne diesen Mut, so Iring Fetscher, geht die Freiheit in unserer Welt zugrunde.

Hilde Domin hat die Zivilcourage in einem anderen Aspekt beschrieben:

„Zivilcourage zum Beispiel
diesen Mut, den kein Tier hat
Mit-Schmerz zum Beispiel
Solidarität statt Herde
Fremd-Worte
Heimisch zu machen im Tun."

Für diese Dichterin ist die Zivilcourage eine Auszeichnung des Menschen, etwas, was nur er haben kann und was Menschlichkeit ganz besonders qualifiziert. Drei Kennzeichen hat für sie dieser zivile Mut. Das erste ist „Mit-Schmerz": Mitleiden, Mitfühlen mit dem anderen Menschen. Das Mitgefühl bringt mich dazu, für den anderen einzutreten. Wenn heute Menschen in der U-Bahn angepöbelt werden, gibt es kaum jemanden, der für sie eintritt. Es fehlt beides: das Mitgefühl – das Gespür, wie es einem geht, der öffentlich lächerlich gemacht oder bedrängt wird – und der Mut, sich mit dem Pöbel anzulegen. Denn damit setze ich mich der Gefahr aus, ebenfalls angegriffen und belästigt zu werden. Doch wenn dieser Mut fehlt, bekommen immer mehr die Menschen die Oberhand, die sich von keinen Werten mehr leiten lassen. Ohne Zivilcourage geht unserer Gesellschaft die Menschlichkeit verloren.

Zum „Mit-Schmerz" gehört die Solidarität: Weil ich mich verbunden weiß mit den anderen trete ich für sie ein. Was ihnen geschieht, geschieht auch mir. „Solidarisch" heißt: „gemeinsam, füreinander einstehend, eng verbunden". Wer solidarisch ist, fühlt sich mit dem Menschen neben sich verbunden. Er weiß, dass wir alle eine gemeinsame Wurzel haben, eine gemeinsame Würde und dass wir aufeinander angewiesen sind. Die Herde trottet dahin. Solidarität aber verlangt, dass ich mich mit dem anderen verbunden weiß und ihm beistehe, wenn er meine Hilfe braucht. Ohne Solidarität ist ein menschliches Miteinander nicht möglich.

Als drittes Kennzeichen der Zivilcourage nennt Hilde Domin: „Fremd-Worte heimisch zu machen im

Tun“. Eine eigenartige Beschreibung dieser Tugend, scheint es aufs erste. „Fremd-Worte“, Worte, die mir auf das erste Hören hin fremd bleiben, soll ich „heimisch machen im Tun“? In meinem Tun soll ich antworten auf die Worte, die ich von Fremden gehört habe, also auf das, was mich herausfordert und verunsichert. In meinem Tun soll sichtbar werden, dass von mir Versöhnung ausgeht und nicht Spaltung, Verbindung, nicht Trennung: Einteilung in Heimische und Fremde. Wenn mein Tun sich anregen lässt von den „Fremd-Worten“, dann bleibt es nicht immer das ewig gleiche „Das haben wir immer schon so gemacht“. Vielmehr wird es immer wieder neue Taten gebären, Taten, die Fremde und Einheimische miteinander verbinden, die die Vorurteile überwinden und Gemeinschaft dort entstehen lassen, wo bisher Kulturen, Sprachen und Menschen einander fremd und unverständlich waren.

Selbstzufrieden

Selbstzufriedenheit ist etwas anderes als Zufriedenheit. Der islamische Mystiker Ibn Ata Allah sieht in ihr sogar den Grund allen Übels: „Die Wurzel allen Ungehorsams, aller Unaufmerksamkeit, aller Lust ist Selbstzufriedenheit. Die Wurzel allen Gehorsams, aller Wachsamkeit, aller Keuschheit ist der Mangel an Selbstzufriedenheit. Besser ist es für dich, einen Toren zum Freunde zu nehmen, der nicht selbstzufrieden ist, als einen Gelehrten, der selbstzufrieden ist." Zufriedenheit, weist auf Frieden – mit sich selbst und mit allem, was ist. Sie ist eine Quelle von Frieden auch um mich herum. Selbstzufriedenheit dagegen ist Zufriedenheit mit sich selbst, die keine Wandlung und keine Bewegung mehr sucht: Ich bin satt. Ich habe es aufgegeben, mich weiterhin auf den Weg der Wandlung einzulassen. Ich bleibe stehen. Der Selbstzufriedene lässt keine Kritik mehr an sich herankommen. Er lässt sich auch nicht mehr herausfordern zu neuem Denken oder neuem Verhalten. Der Selbstzufriedene bleibt stehen und

verhindert jede Bewegung und jede Verwandlung. Solche selbstzufriedenen Menschen sind ein Unglück für uns. In ihrer Nähe sind wir in Gefahr, auch stehen zu bleiben und zu erstarren.

Ein Segen für andere

Es gibt eine Zufriedenheit mit dem eigenen Leben und mit dem, was ich tue, die zum Segen für andere wird. Von dieser Zufriedenheit sagt Mutter Teresa: „Wunder geschehen nicht, wenn man etwas Bestimmtes tut, sondern nur, wenn wir dabei glücklich und zufrieden sind, eine bestimmte Sache zu tun." Wer das, was er tut, in innerem Frieden tut, der wird Segen verbreiten. Wer dem anderen hilft, ohne mit sich selbst im Frieden zu sein, dessen Hilfe wird beim anderen nicht gut ankommen: Der wird die innere Zerrissenheit des anderen wahrnehmen und sich davor hüten. Während die Zufriedenheit Mutter Teresa als Bedingung wahren Helfens gilt, betrachtet Gretta Brooker Palmer sie als Folge des Helfens: „Zufriedenheit ist ein Nebenprodukt der Bemühung, jemanden glücklich zu machen." Wer sich selbst gegenüber so frei ist, dass er den anderen glücklich machen möchte, der findet inneren Frieden mit sich selbst. Der freut sich am Glück des anderen. Das macht ihn zufrieden.

Wahre Zufriedenheit

Besitz ist nicht nur eine persönliche Frage von Freiheit und Zufriedenheit, sondern auch eine politische Frage. Der Weltfriede wird in Zukunft vor allem davon abhängen, ob ein gerechter Ausgleich der Güter gelingt. Nur wenn wir bereit sind, die Güter miteinander zu teilen, wird in unserem Land, wird in der ganzen Welt Friede möglich. Lassen wir uns die Augen öffnen, damit wir heute Wege finden, wie wir mit den Gütern dieser Welt umgehen können, ohne in romantische Träumereien, in weltfremde Utopien oder in moralisierende Besserwisserei zu geraten. Nur wer vor Gott reich ist, wird seinen äußeren Reichtum auch mit anderen teilen. Wer sich vom Besitz her definiert, wird sich an ihm festklammern. Wir brauchen die innere Freiheit, damit wir mit allem, was wir verdienen, den Menschen und letztlich dem Frieden dienen, dass wir unseren Verdienst in den Dienst des Lebens stellen. Erst dann wird wahre Zufriedenheit möglich sein. Ähnlich sieht es der große chinesische Gelehrte Konfuzius: „Wer für das Wohl eines anderen sorgen möchte, hat damit auch schon für sein eigenes gesorgt." Wir sind mit dem anderen Menschen so tief verbunden, dass wir das, was wir ihm Gutes tun, letztlich auch uns selbst tun. Wenn wir das Wohl des anderen im Blick haben, geht es auch uns gut. Wenn unser Helfenwollen von einem schlechten Gewissen herrührt, dann wird es nicht zum Segen. Denn wir wollen dann nicht das Wohl des anderen, sondern nur unser schlechtes Gewissen beruhigen. Aber der Friede, der in mir ist, kommt auch zum anderen. Zufrieden ist der, dessen Herz offen ist für den Frieden. Der Friede kann aus uns selbst kommen, wenn wir Ja sagen zu uns selbst. Er kommt aber oft genug vom anderen auf uns zu, wenn wir auf dessen Wohl bedacht sind und erfahren dürfen, dass er seinen Frieden gefunden hat.